Eine deutsche Revolution
Der Umbruch in der DDR, seine Ursachen und Folgen

D1666483

BERLINER SCHRIFTEN ZUR POLITIK UND GESELLSCHAFT

im Sozialismus und Kommunismus

Herausgegeben von
Hannelore Horn, Wladimir Knobelsdorf und Michal Reiman

Band 4

Verlag Peter Lang
Frankfurt am Main · Bern · New York · Paris

EINE DEUTSCHE REVOLUTION

Der Umbruch in der DDR, seine Ursachen und Folgen

Gert-Joachim Glaeßner (Hrsg.)

Verlag Peter Lang

Frankfurt am Main · Bern · New York · Paris

CIP-Titelaufnahme der Deutschen Bibliothek

Eine deutsche Revolution : der Umbruch in der DDR, seine
Ursachen und Folgen / Gert-Joachim Glaessner (Hrsg.). -
Frankfurt am Main ; Bern ; New York ; Paris : Lang, 1991
   (Berliner Schriften zur Politik und Gesellschaft
   im Sozialismus und Kommunismus ; Bd. 4)
   ISBN 3-631-43562-2

NE: Glaessner, Gert-Joachim [Hrsg.]; GT

ISSN 0933-6516
ISBN 3-631-43562-2

© Verlag Peter Lang GmbH, Frankfurt am Main 1991
Alle Rechte vorbehalten.

Printed in Germany 1 2 3 5 6 7

Inhalt

Vorwort

Als im Sommer letzten Jahres Zehntausende die DDR über Ungarn und die CSSR verließen und im Herbst 1989 zuerst einige wenige sich aufmachten, die DDR von innen zu verändern und später Hunderttausende auf den Straßen ihre Bürgerrechte einforderten, ahnte niemand, daß die DDR kaum ein Jahr später nicht mehr existieren würde. Der Prozeß der Vereinigung der beiden deutschen Staaten verlief mit einem Tempo, das es den Bürgern der ehemaligen DDR unmöglich machte, sich allmählich an die völlige Veränderung ihres Lebens zu gewöhnen. Bei aller berechtigter Freude über die gewonnene Freiheit machte sich recht schnell Unsicherheit breit. Erst allmählich wird auch den Bürgern in der ehemaligen Bundesrepublik deutlich, daß am 9. November 1989 etwas begonnen hat, an dessen Ende die Bundesrepublik nicht mehr das ist, was sie über vierzig Jahre war. Die staatliche Vereinigung der beiden deutschen Staaten bedeutet auch, daß zwei deutsche Gesellschaften zueinander kommen, die sich erheblich voneinander unterscheiden, völlig unterschiedliche individuelle und kollektive Erfahrungen haben und wenig, oft fast gar nichts voneinander wissen.

Zwei durch antagonistische politische und soziale Systeme geprägte Gesellschaften, die gleichwohl eine gemeinsame Geschichte und Kultur haben, wachsen (oder wuchern?) in einem atemberaubenden Tempo zusammen. Und erst jetzt können sie erkennen, daß in den beiden Teilen Deutschlands höchst verschiedene soziale Charakteristika entstanden sind, die sich fundamental voneinander unterscheiden und die man nicht per Gesetz oder mit Hilfe der Deutschen Bundesbank aneinander angleichen kann.

Die Einen, die Westdeutschen, hatten die Erschütterungen der Nachkriegszeit hinter sich gelassen, die großen Verunsicherungen der 60er und frühen 70er Jahre überwunden und es trotz vieler Probleme zu materiellem Wohlstand und Anerkennung, zu einer funktionierenden parlamentarisch-demokratischen Gesellschaft und zu einer gewissen "Internationalität" gebracht. Die Anderen, die Ostdeutschen, waren zwar Nummer eins in "ihrem" Teil der Welt, hatten den höchsten Lebensstandard in der östlichen Wirtschaftsgemeinschaft, ihr unerreichbares politisches, ökonomisches und kulturelles Vorbild aber war immer die Bundesrepublik. Sie war über das Fernsehen ständig präsent und doch unerreichbar fern. Zugleich verstellten ihnen ideologische Schautafeln und Parolen und die unüberwindbare Grenze den Blick auf die Welt.

Partei und Staat verlangten unbedingten Gehorsam und boten als Kompensation soziale Sicherheit und bescheidenen Wohlstand. Individuelles Scheitern wurde durch einen zwar autoritären, aber auch fürsorglichen Staat allemal geheilt. Je länger das von der SED geformte politisch-soziale System währte, um so mehr setzten sich einerseits die von der Partei propagierten - und bis zu einem gewissen Maße auch realisierten - Vorstellungen einer Gesellschaft relativer Gleichheit durch, zugleich aber zeigte sich, daß die Gesellschaft der Gleichen nur ein ideologisches Konstrukt war.

Da bis zum September 1989 nichts darauf hindeutete, daß die Herrschaft der SED ein Koloß auf tönernen Füßen sein könne, verwundert es nicht, daß die meisten DDR-Bürger ein "Doppelleben" lebten. Ein öffentliches, in dem sie sich zwangsläufig verhielten wie es Partei und Staat von ihnen erwarteten und ein privates, in dem sie ihre eigenen Vorstellungen von Individualität und Solidarität zu verwirklichen suchten.

Es fällt schwer, von diesen über Jahrzehnte eingeübten Verhaltensweisen Abschied zu nehmen. Es wird darum gehen, zu lernen, sich nicht in die privaten Nischen zurückzuziehen, sondern sich dauerhaft einzumischen. Zwischen der lang gehegten Kultur privater Vertrautheit und den Erfahrungen der Massendemonstrationen des letzten Herbstes liegt ein weites Feld alltäglicher Teilnahme am Aufbau einer demokratischen und sozialen Gesellschaft.

Am 18. März 1990 haben die DDR-Bürger ein freies Parlament gewählt - zur Überraschung Vieler, wohl auch zur eigenen Überraschung, mit einer liberal-konservativen Mehrheit. Die Wähler hofften mit ihrer Wahlentscheidung auf einen schnellen Wandel - und das war mehr als nur schnell in den Besitz der D-Mark zu kommen, wie viele westliche Beobachter mit einer im weiteren Vereinigungsprozeß häufig zu beobachtenden Mischung aus Unkenntnis und Arroganz meinten feststellen zu können. Es war die Hoffung, einen radikalen Bruch mit der politischen, wirtschaftlichen, sozialen und kulturellen Vergangenheit vollziehen und in kurzer Zeit ein Leben in politischer Freiheit und wirtschaftlicher Prosperität führen zu können - so wie die Deutschen "im Westen". Daß damit auch Risiken verbunden wären, z.B. für die in der DDR als selbstverständlich hingenommene staatliche Absicherung aller Lebensrisiken, wurde vielen erst später klar.

Die Hoffnungen des Frühjahrs sind zerstoben und die hohen Erwartungen enttäuscht worden. Resignation hat sich breitgemacht. Es droht der Rückfall in eine alte Haltung, die in der Formel zusammengefaßt war: "Es geht seinen (damals noch) sozialistischen Gang" - oder, es lohnt sich nicht, sich zu engagieren, das bringt nur Ärger. Der Abschied von solchen tiefverwurzelten Einstellungen und Verhaltensweisen wird lange dauern.

Die Deutschen in der ehemaligen DDR machen ein Fünftel der Bevölkerung im einigen Deutschland aus. Das bedeutet, daß auch die ehemaligen Bundesbürger sich darauf einstellen müssen, daß sich ihr Leben erheblich verändern wird. Die Probleme der DDR sind längst ihre eigenen.

Die Mauern aus Stein und Stacheldraht sind gefallen, die Mauern in den Köpfen der Menschen werden noch lange bestehen bleiben. Fünfundvierzig Jahre unterschiedlicher Hoffnungen, Illusionen und Entäuschungen, sozialer und politischer Erfahrungen und individueller Lebensschicksale können Anlaß für vielfältige Mißverständnisse, ja, soziale Konflikte sein, bieten aber auch die Chance, gemeinsam etwas Neues zu gestalten.

Als im Sommer 1990 an der Freien Universität Berlin Wissenschaftler aus der Bundesrepublik, der DDR und dem westlichen Ausland im Rahmen einer Universitätsvorlesung über die Ursachen und Konsequenzen des Umbruchs in der DDR nachdachten, waren einige der angedeuteten Entwicklungen bereits deutlich sichtbar, andere erst in Umrissen erkennbar. Den hier vorgelegten Beiträgen dieser Vorlesungsreihe haftet insofern - wie allen Äußerungen zu Fragen des Umwälzungsprozesses in den ehemaligen sozialistischen Ländern - etwas vorläufiges an. Sie sind, insbesondere was die Beiträge aus der DDR angeht, bei allem Bemühen um Objektivität zugleich auch subjektive Zeitzeugnisse, die erkennen lassen, wie dieser rasante Veränderungsprozeß von unmittelbar Betroffenen reflektiert wird. Zugleich vermitteln die unterschiedlichen wissenschaftlichen, politischen und persönlichen Sichtweisen der einzelnen Beiträge einen Eindruck von der Breite der Diskussion.

Der Herausgeber dankt der Freien Universität Berlin für die materielle und ideelle Unterstützung für das Vorhaben, das erstmals eine wirklich offene und häufig kontroverse deutsch-deutsche Diskussion des historischen Umbruchs ermöglichte. Ilona Beyer, Ursula Böhme und Helmut Müller-Enbergs habe ich für die Herstellung und Redaktion des Bandes zu danken.

Berlin, im November 1990

Gert-Joachim Glaeßner

Bärbel Bohley

An den Widerständen in diesem Lande bin ich ICH geworden[1]

Ich möchte aus dem persönlichen Blickwinkel urteilen: Was bleibt für mich von der DDR? - Meine Erfahrungen in diesem Lande, die bleiben natürlich für immer. Die sind nicht auslöschbar. Und diese Erfahrung bedeutet mir sehr viel. Ich möchte sie nicht missen. Deshalb wollte ich auch immer in diesem Land bleiben. Weil ich an den Widerständen in diesem Land ICH geworden bin, die, die ich jetzt bin. Und ich möchte nicht anders sein.

Die Geschichte dieses Landes ist für mich also eine ganz persönliche Geschichte. Ich wurde 1945 in Berlin geboren, habe den 17. Juni mitgemacht und den Mauerbau. Ich hatte 1961 auch meine Ideale. Ich war 16. Und ich hab' gedacht, jetzt kann man hier den Sozialismus aufbauen.

Eigentlich war mir schon mit 16 klar, daß es so nicht weiterging mit dem Sozialismus. Aber ich dachte, nach '61 könnte man den Sozialismus machen: Jetzt können die Leute nicht mehr weggehen, jetzt kann man freier werden, und ähnliches. Das hat sich natürlich sehr schnell als Illusion erweisen.

Diese persönlichen Erfahrungen also die sind mir wichtig. Und die Er-

1   Aus: Blätter für deutsche und internationale Politik (Bonn). 35. Jg., Heft 5/1990,
    S. 542 ff.

fahrungen mit dem System natürlich. Ich glaube, daß ich manchmal ganz schön naiv bin. Ich hab' mir immer vorgestellt, wenn der einzelne stark wäre, dann könnte sich dieses System nicht halten. Das war mir eigentlich irgendwie immer klar. Daß dieses System nur darauf beruht, daß der einzelne es akzeptiert. Wenn ich es nämlich nicht akzeptiere, dann wird es sehr schnell schwach. Diese Erfahrung konnte man vielleicht nur im Osten machen. Selbst wenn man es als einzelner nicht akzeptierte, hat man damit schon sehr viel in Bewegung gesetzt. ... Man ist nicht ins Leere gelaufen und wußte, daß die Wände verschiebbar sind. Also: Je stärker ich bin, und je stärker ich mich wehre, um so mehr sind die Wände verschiebbar.

Meine Naivität lag darin, daß es da so eine Solidarität geben könnte, daß Mehrheiten das machen. - Sie haben es ja auch gemacht. Mehrheiten sind aufgestanden und haben sich irgendwo zumindest gegen etwas zusammengeschlossen. Sie haben aber nicht darüber gesprochen, wofür sie sind. Da liegt eigentlich das ganze Unglück in diesem Land.

Dieses Land war anders. Da gab es immer die schweigende Masse. Das große Schweigen in diesem Land. Und ab September haben die Leute wirklich andere Augen gekriegt. Denen war egal, ob da noch jemand am Tisch saß, der von der Staatssicherheit war. Die haben geredet. Die haben sich zum ersten Mal freigeredet. Und haben anders geguckt. Und waren sehr stolz auf ihren Mut. Und hatten auch Grund dazu, stolz zu sein. Weil sie irgendwas in sich überwunden haben, was sie jahrelang gekemmt hat. Von diesem "aufrechten Gang" ist jetzt schon so oft gesprochen worden, daß man es gar nicht mehr hören kann, aber es war eine Befreiung, eine innere Befreiung.

Aber dann kann die Berührung mit dem bunten Laden Bundesrepublik. So einfach ist das. Ich sage das, weil ich festgestellt habe, daß sehr viele Dinge wirklich ganz einfach sind. - Es war einfach eine Gesellschaft, die eingesperrt war. Die konnte sich nicht treiben mit außen. Wir waren ja so isoliert und so abgeschlossen, und wir hatten wirklich wie im Knast gesessen - 17 Millionen haben im Knast gesessen! Natürlich war es notwendig, daß die Mauer durchlässig wurde. Es hat ja wahrscheinlich schon viel dazu beigetragen, daß in den letzten Jahren schon viel mehr Leute rübergefahren sind und im Westen gesehen haben, was los ist ... Aber es gab natürlich die große Mehrheit, die nicht gefahren ist. - Es geht nicht darum, daß diese Mauer nicht geöffnet werden sollte. Aber das geht nicht so! Man kann die Leute nicht ohne einen Pfennig Geld in diesen Westen lassen. Aber so war es doch am 9. November. Die sind dann rüber und haben hundert Mark geschenkt gekriegt. Die haben sie nicht von hier gekriegt, sondern die haben sie von Herrn Kohl gekriegt. Und dann gab's die Blaskapellen, die Bananen, die Dinge, die nachher dann im Wahlkampf hier wiederholt worden sind.

Man muß ganz einfach sagen: Das waren Glasperlen für die Eingeborenen. Und die haben gewirkt.

Was bleibt jenseits dieser Enttäuschung? - Auch für diese Leute bleibt von der DDR die Erfahrung, das ist völlig klar. Die Leute haben die Erfahrung mit der Diktatur gemacht. Und sie haben die Erfahrung gemacht, daß sie die Diktatur auch beseitigen können. Sie hatten natürlich auch Glück, daß nicht geschossen worden ist. Aber diese Erfahrung haben sie gemacht. Und sie zeigt sich immer wieder, wenn jetzt demonstriert wird, z.B. gegen das Schließen der Akten. Wenn die Leute wieder auf der Straße steh'n und sagen: Nein, hier werden keine Stasi-Akten zugeschlagen. Wir wollen wissen, wer in dieser Regierung sitzt und wer davon mit der Stasi liiert war. - Und es zeigt sich, wenn die Leute jetzt auf die Straße gehen: Nee, wir wollen hier nicht 2:1, sondern wir wollen 1:1. Das waren viele und sowas hab' ich lange nicht geseh'n. Da hat man schon Angst, daß die sich plötzlich gegen's Brandenburger Tor in Bewegung setzen und im KaDeWe landen. Diese Angst ist da. Und die Möglichkeit ist auch da.

Noch etwas, was ganz wichtig ist und unbedingt mit rübergenommen werden muß: das ist die Erfahrung - und die wir in dem vereinten Deutschland oder was da entstehen wird, noch lange ein große Rolle spielen - die Erfahrung mit dieser Sicherheit. Obwohl man sich immer nach ein bißchen Freiheit und freiem Wind gesehnt hat und sich immer eingeengt gefühlt hat, merkt man plötzlich im freien Wind, daß diese Sicherheit doch ganz schön war. Und die hat die Menschen natürlich auch geprägt. Dieses Recht auf Arbeit. Das ist so in den Leuten drin, daß ich glaube, es wird in der nächsten Zeit noch wahnsinnig Zündstoff geben, wenn dieses Recht genommen wird.

Künstliche Gebilde waren beide - die Bundesrepublik wie die DDR. In der Bundesrepublik hat man's nicht so gemerkt, daß das ein künstliches Gebilde ist. Bei uns hat man's immer viel stärker gespürt, weil der einzelne viel eher an seine Grenzen gestoßen ist. Und diese Grenzen sind natürlich auch durch das System gesetzt worden, denn das hätte ohne diese Grenzen nicht leben können. Diese Grenzen für den einzelnen. Da war schon immer dieses "wir sind besser", "wir wissen, was für euch gut ist". Und das kommt einmal aus dieser Erfahrung, die ein Teil der Leute gemacht hatten, die hier nach '45 was zu sagen hatten und dieses Land aufgebaut haben. Und es kommt natürlich ganz stark durch die Russen, die das ja mitgetragen haben. Und eingeklagt haben. Stalinismus, würde ich schon sagen. Etwas, was sich durchgezogen hat bis heute.

Für mich war es viele Jahre so, daß ich mir gedacht habe: Also die Nazis, die sind alle im Westen, die sind wir los. Wir haben's hier jetzt mit den Kommunisten zu tun, die verhärtet sind, weil sie selbe so viel abgekriegt haben, und mit denen muß man milde umgehen. Es hat ziemlich lange gedauert, bis ich gemerkt habe, daß wir das nicht immer weiter so akzeptieren können. Daß die anderen, die genauso unschuldig sind, soviel zufügen, die so einengen, ihnen solche Fesseln anlegen, daß sie sich wirklich nur unterdrückt fühlen. Da habe ich mir gedacht: Nein, das geht nicht. Aber das hat ganz schön lange gedauert. Ich habe das sehr lange akzeptiert. Aber dann ging es nicht mehr. Also, Verständnis hab' ich immer noch für die. Wie das sich entwickelt hat, das versteh' ich. Ich würde euch sagen, die Schuld, daß die DDR sich letzten Endes zu dem entwickelt hat, was sie ist, die geb' ich nicht nur denen. Das muß ich wirklich sagen, die geb' ich auch uns. Daß wir uns das alles so lange haben gefallen lassen. Ja, und da gab es ja auch noch die Bundesrepublik, wie die sich verhalten hat. Und den kalten Krieg. Das hat schon gewirkt.

1968 war klar, mit denen geht es nicht mehr, die müssen endlich weg.
Das ist die letzte Chance für uns. Und es war die letzte Chance.

Was danach kommt? Das wird keine DDR und das wird keine Bundesrepublik sein. Etwa ganz anderes. - Für mich war die Bundesrepublik
immer ein Land, wo es eine "Mitte" gab; ich hatte immer das Gefühl, es
gibt da nur "Mitte". Eine Mitte mit einem rechten Flügel und eine Mitte
mit sowas Angehauchtem, aber es gibt nicht Rechts und Links und
Mitte. Ich hatte das Gefühl, Links ist ausgegrenzt. Und ich glaube, das
neue Deutschland wird Flügel haben, eine Mitte und eine Rechte. Und
eine Linke. Es wird sich alles polarisieren. Für die Mitte bedeutet das
natürlich eine Anfechtung. Diese Gesellschaft hier ist dialogunfähig.
Nicht aus Böswilligkeit. Sie hat's einfach nicht gelernt. Das muß man akzeptieren. Und die Frage ist, ob das die westliche Demokratie schafft,
sich mit uns auseinanderzusetzen. Wir haben ja 28 Jahre Knast hinter
uns. Eigentlich kriegt man da einen Bewährungshelfer. Aber den habe
wir nicht gekriegt. Statt dessen sind die Verführer ins Land gekommen.
Die Leute waren darauf einfach nicht vorbereitet.

Also eins ist klar: Die Leute vom Neuen Forum, wenn die in der Regierung wären, die wären nicht nach Bonn gekrochen. Das hätte Jens Reich
nicht gemacht und keiner von denen, die ich kenne.
Für mich bleibt eine Frage interessant, die ich nicht einfach so beantwor-
ten kann: Wann hier eigentlich der Zug schon abgefahren ist. Ich habe ja
oft gedacht, daß es innerhalb des Apparates Leute geben muß, die auf
Reformen aus sind, die sich damit beschäftigten, die innerhalb der Partei
in irgendwelchen Zellen schön überlegen, wie man die Reformen in
Gang bringen könnte oder durchsetzen könnte. Ich muß sagen, das war
noch eine Enttäuschung. Daß da eigentlich niemand war. Da war Herr
Modrow, der ja irgendwann mal durch den Wesen angekündigt wurde -
für mich ein, tja, ein lieber Bürokrat; aber auf keinen Fall jemand, der
Rückgrat hat. Der hat ja nun auch wirklich sehr schnell das Lied von
"Deutschland, einig Vaterland" gesungen. Im Grunde doch ein Verfas-
sungsbruch. Daraufhin hätte er ja zumindest ein Parteiverfahren kriegen
müssen ... Aber nicht mal das Es gab eben keine Leute ... Ich denke über
das ganze Ausmaß der Tragödie nach, die hier nun wirklich 40 Jahre

lang stattgefunden hat: Die Leute mit Rückgrat sind immer weggetrieben worden oder weggegangen. Manchmal denke ich jetzt '68 war wirklich die letzte Chance. 1989 war es einfach zwanzig Jahre zu spät. Seitdem ist eine Generation nachgewachsen, die wahrscheinlich nur noch Verachtung empfinden kann - für die Eltern und für die Leute, die was zu sagen haben. Dies ist ein Land, wo die Moral total am Boden liegt. Eigentlich ein ganz großes Elend.

Auf der anderen Seite glaube ich immer noch nicht, daß das jetzt alles zu Ende ist. Es stehen uns ja noch große Prüfungen bevor. Zum Beispiel: ob Währungsunion oder nicht. Ich halte das noch nicht für gegessen. Es wird darauf ankommen, daß sich jetzt eine wirklich solidarische Gesellschaft entwickelt, weil sonst furchtbar viele Menschen auf der Strecke bleiben werden. Diese Gesellschaft muß anfangen, sich selbst zu organisieren. Ansonsten wird das hier eine Katastrophe ...

Ich verstehe überhaupt nicht, warum immer diese Diskussion über "DDR-Identität" aufkommt. Da wird meiner Meinung nach immer vorausgesetzt, daß ich mit etwas total einverstanden bin. Für mich ist Identität auch was völlig anderes. Für mich kann Identität auch aus der entgegengesetzten Richtung kommen: Daß ich soviel Widerstand in etwas hineingebracht habe, daß im Ergebnis ich eine Identität habe. Insofern haben die Leute hier, denke ich, natürlich alle eine "DDR-Identität". Manche versuchen sie irgendwie gewaltsam beiseite zu schieben, aber das sieht reineweg lächerlich aus.

Ich denke, daß hier der Widerstand wachsen wird, wenn die Folgen sichtbar werden. Und da zeigt sich jetzt schon einiges. Es gibt ja schon welche, die arbeitslos sind. In der DDR werden die Leute jetzt tagtäglich konfrontiert mit diesen Ängsten: Behalte ich meinen Arbeitsplatz oder nicht? Und das bedeutet für jemanden in der DDR was völlig anderes als in der Bundesrepublik. Da hängt die volle Unsicherheit mit allem dran. Wie geht es weiter? Steuern? Und Wohnung? Alles hängt da dran - es ist wirklich die ganze Existenz, die bedroht wird. Man fällt nicht in dieses sogenannte soziale Netz, weil es das nicht gibt. Die DDR ist überhaupt nicht darauf eingerichtet gewesen, und sie ist auch überhaupt nicht organisiert. Es muß also beides gleichzeitig geschehen: Die Gesellschaft muß sich organisieren, um sowas aufzufangen, und zugleich muß der einzelne diesen ganzen Schock des letzten halben Jahres überwinden. Im Grunde stehen alle ziemlich fassungslos da.

Der Regierung de Maizière, Meckel usw. wird gar nichts anderes übrigbleiben, als Rückgrat gegenüber Bonn zu entwickeln, wenn die Bevölkerung hier reagiert. Die Leute haben nicht Kohl gewählt. Das war die Wahl er Mark. Und der deutschen Einheit. Wenn Kohl seine Versprechungen nicht einhält, gibt es eine Katastrophe. Und wenn er sie einhält, gibt es auch eine Katastrophe.

Diese deutsche Nabelschau, jetzt die ist wirklich furchtbar. Und diese Blindheit. Man muß sich doch nichts vormachen: So wie für die DDR Berlin das Aushängeschild war, so ist es für den Kapitalismus die Bundesrepublik. Und die sehen die DDR'ler jetzt. Sie sehen ja nicht, daß auch in Lateinamerika Kapitalismus ist. Die sehen auch Portugal nicht und sehr viele andere Länder. Die sehen die Bundesrepublik. Wenn sie merken, daß sie sich an diesem Schaufenster erst mal nur die Nase plattdrücken können, und daß sie noch lange nicht hin diesem Laden ein- und ausgehen, vielleicht werden sie dann auch wieder mal woanders hinschauen.

Eigentlich habe ich die Leute hier sehr gern. Eben weil sie mir immer irgendwie bestohlen vorgekommen sind. Und sich selbst auch immer noch bestohlen haben, indem sie nicht den Mut hatten, zu sich zu stehen und zu sagen: Ich bin jemand. Sondern sich immer so furchtbar angepaßt haben. Ich wünsche den Leuten wirklich, daß sie diesen Rausch nicht als das Höchste verstehen, sondern eine Art Freiheit entwickeln, die da rausführt ...

Vielleicht gehört zu dieser Freiheit auch, daß sie erst mal durch diese Tiefen müssen.

Gert-Joachim Glaeßner

Der Weg in die Krise und das Ende des "realen Sozialismus"

Die Feierlichkeiten zum vierzigsten Jahrestag der DDR sollten beweisen, daß die zweite deutsche Republik ein stabiler sozialistischer Staat und ein geachtetes Mitglied der Völkergemeinde sei. Die bombastischen Versuche der Selbstdarstellung der Honecker-Führung haben als Katalysator für das Aufbegehren der DDR-Bürger gewirkt. Die Feiern zum 40. Jahrestag gerieten zum peinlichen Abgesang eines politischen und sozialen Systems, das sich als nicht anpassungsfähig und reformierbar erwiesen hatte und einer politischen Führungsgruppe, die weit entfernt von jeder Realität den selbstproduzierten Erfolgsmeldungen glaubte.

Dabei hatte sich noch wenige Jahre zuvor die Situation ganz anders dargestellt. Anfang der 80er Jahre, in der Hochzeit des neuen kalten Krieges erwarb sich die DDR-Führung Anerkennung, weil sie auf einem relativ eigenständigen Kurs gegenüber der UdSSR unter Breschnew beharrte. Im Herbst 1987 besuchte der erste Mann der DDR die Bundesrepublik. Er wurde als Repräsentant der zweiten deutschen Republik mit allen protokollarischen Ehren empfangen. Der Besuch war mit der Erwartung verbunden, daß sich die deutsch-deutschen Beziehungen weiter normalisieren würden.

Doch bereits kurz danach begann, für westliche Beobachter vorerst kaum wahrnehmbar, ein Regressionskurs, der binnen zweier Jahre zum

Zusammenbruch des "realen Sozialismus" in der DDR führte. Erst am 11. Oktober 1989, nachdem Zehntausende die DDR verlassen hatten, zeigte das Politbüro der SED erste Zeichen der Einsicht. In einer Erklärung wurden Probleme eingeräumt und politische Zugeständnisse versprochen - zu spät, wie sich zeigen sollte.

Der Sturz Honeckers am 18. Oktober 1989 konnte den Zusammenbruch der alten Ordnung nicht mehr aufhalten. Die Massenflucht vor allem junger DDR-Bürger hörte nicht auf, die oppositionellen Gruppen gewannen weiter an Boden und bis weit in die Reihen der SED verbreitete sich der Eindruck, daß nur eine radikale Reform an Haupt und Gliedern den Zerfall der DDR aufhalten könne.

Immer mehr Bürger gingen auf die Straße mit dem Ruf "Wir sind das Volk". Am 7. November, drei Tage nach der großen Demonstration in Berlin, trat die Regierung Stoph zurück, einen Tag später wurde ein neues Politbüro der SED gewählt, am 9. November wurde die Grenze geöffnet, am 13. November wählte die Volkskammer Hans Modrow (SED) zum neuen Ministerpräsidenten.

Im Zentrum meiner Überlegungen stehen drei Aspekte: 1. Wer hat die Revolution gemacht und was ist daraus geworden; 2. welches waren die strukturellen Ursachen für den Zusammenbruch des realen Sozialismus" und 3. welches sind die Chancen und Herausforderungen, die die Ereignisse in der DDR für die Zukunft der Demokratie in Deutschland bereit hält?

1.   Wer hat die Revolution gemacht und was ist daraus geworden?

Hier stellt sich vorab die Frage, war es eine Revolution? Aus der Sicht der alten Eliten, die diesen Ausgang ihres gesellschaftspolitischen Experiments immer fürchteten, war es eine Konter-Revolution - die Wiederherstellung der alten kapitalistischen Ordnung. Der neue Ministerpräsident der DDR, Lothar de Maiziere bemerkte dazu in seiner Regierungserklärung, daß der Umbruch in der DDR "Teil eines revolutionären Erneuerungsprozesses in Osteuropa" sei, "der zugleich ein gesamteuropäischer und ein Weltprozeß ist." Und er fährt fort: "Manche mögen meinen, daß er letztlich Konterrevolutionär sei. Nach dieser 70jährigen Entwicklung des realen Sozialismus ist aber das Wort 'konter', das 'gegen', eine Naturnotwendigkeit. Wer Sozialismus faktisch mit brutaler Parteidiktatur, Entmündigung der Gesellschaft, Staatseigentum an den Produktionsmitteln und mit zentralistischem Plandirigismus gleich setzte, wer glaubte, mit solchen Mitteln eine gerechtere Gesellschaft schaffen zu können, der hat sich so gründlich geirrt, daß hier nur ein entschiedenes 'Kontro' möglich ist."[1]

Im November noch hatte der große alte Mann der Sozialwissenschaften in der DDR, Jürgen Kuczynski, von einer konservativen, den Sozialismus bewahrenden und erneuernden Revolution gesprochen.[2] Eine Illusion, wie sich zeigte. Auch diejenigen, die am 4. November auf dem Alex sprachen, Christa Wolf, Stefan Heym und viele andere, hofften auf eine revolutionäre Erneuerung des Sozialismus.

Wenn man unter Revolution die fundamentale - nicht unbedingt gewaltsame - Umwälzung der politischen, ökonomischen und sozialen Strukturen einer Gesellschaft begreift, dann scheint das, was in der DDR stattgefunden hat, eine Revolution zu sein. Die normative Bewertung dieses Vorgangs fällt naturgemäß höchst verschieden aus.

Ich meine, daß die Umwälzungen des letzten Jahres in den sozialistischen Ländern den endgültigen Abschied von einer säkularen Hoffnung bedeuten, die darin bestand, eine gerechte Gesellschaftsordnung der Gleichen zu errichten und die im Verlust der bürgerlichen Freiheits-

---

1   Regierungserklärung des Ministerpräsidenten der DDR, in: Neues Deutschland vom 20.4.1990, S. 3.
2   Jürgen Kuczynski, Konservative Revolution, in: Neues Deutschland vom 8, Nov. 1989, S. 4.

rechte und einer zivilen Gesellschaft endete, die seit 1776 und 1789 mühsam, wenngleich unvollkommen erkämpft worden sind. Zugleich war der Sturz der SED-Herrschaft das Ende eines gesellschaftspolitischen Experiments, das von außen, von der Besatzungsmacht oktroyiert worden war und das in keiner Weise den wirtschaftlichen, politischen, gesellschaftlichen und kulturellen Bedingungen eines industriell entwickelten, wenngleich durch den Krieg zerstörten Landes wie der ehemaligen sowjetischen Besatzungszone entsprach. Das sowjetische Modell einer nachholenden Entwicklung, das nach 1945 in MittelOsteuropa implementiert wurde, erwies sich als retardierendes Element, das in den entwickelten Ländern Modernisierung blockierte, statt förderte, sie aber gleichwohl, vor allem im kulturellen und geistigen Bereich nicht völlig verhindern konnte. Was sich als Revolution in Mittel-Osteuropa und der DDR darstellte war in ihrer ersten Phase keine "konservative", sondern eine nachholende, die Verhältnisse einer liberalen bürgerlichen Ordnung wiederherstellende Revolution. In der DDR wurde daraus , aufgrund der nationalen Sonderbedingungen eine abgebrochene Revolution, die in den Prozeß der Adaption des Modells der und die Inkorporation in die Bundesrepublik endete.

Die Umwälzung in der DDR wäre nicht möglich gewesen, ohne das Zusammentreffen mehrerer Faktoren, die zusammen den Zerfall der alten Ordnung bewirkt haben. Die tausende junger Leute, die die DDR im Spätsommer verließen hätten allein ebensowenig ausrichten können, wie die wenigen hundert mutigen Mitglieder oppositioneller Gruppen oder gar die versprengten Reformer innerhalb der SED und der "Blockparteien". Die Öffnung der Grenzen zwischen Ungarn und Österreich am 11. September 1989 aber schuf erstmals seit 1961 eine Situation, in der die Bürger sich den Zumuten der SED-Herrschaft entziehen konnten. Damit brach das Fundament ihrer Herrschaft weg, die Tatsache nämlich, daß man ihrem Machtanspruch nicht entrinnen konnte und sich folglich auf die eine oder andere Art mit den Gegebenheiten arrangieren mußte.

Die Verquickung dieser Elemente hat das explosive Gemisch ergeben, das diese Revolution möglich gemacht hat. Daß die Intentionen der beteiligten Gruppen nur für eine sehr kurze Zeitspanne identisch schienen liegt daran, daß alle vom Strudel der mitgerissen wurden und im Oktober 1989 keine Zeit für eine Diskussion war, die diese Unterschiede ans Licht gebracht hätte. Nach dem 9. November wurden sie sehr schnell offenkundig. Da zeigte sich, daß die vorwiegend materialistisch orientierten "Ausreiser" und die von postmateriellen Werten und Einstellungen motivierten Revolutionäre der Bürgerbewegungen sich wenig zu sagen hatten, ganz zu schweigen von den Reformkräften in der SED, die bislang stumm gewesen waren und erst nach Alternativpositionen suchten.

Daß es in dieser Situation politische Gruppen gab, die gleichwohl darauf bestanden, in der DDR eine freiheitliche und sozial gerechte Gesellschaft zu bauen, hat Hunderttausenden Mut gegeben, auf die Straße zu gehen und einen politischen Neubeginn zu fordern. Die Verquickung dieser Elemente hat das explosive Gemisch ergeben, das diese Revolution möglich gemacht hat. Daß die Intentionen der beteiligten Gruppen nur für eine sehr kurze Zeitspanne identisch schienen liegt daran, daß alle vom Strudel der mitgerissen wurden und im Oktober 1989 keine Zeit für eine Diskussion war, die diese Unterschiede ans Licht gebracht hätte. Nach dem 9. November wurden sie sehr schnell offenkundig. Da zeigte sich, daß die vorwiegend materialistisch orientierten "Ausreiser" und die von postmateriellen Werten und Einstellungen motivierten Revolutionäre der Bürgerbewegungen sich wenig zu sagen hatten, ganz zu schweigen von den Reformkräften in der SED, die bislang stumm gewesen waren und erst nach Alternativpositionen suchten.

Daß in diesem Prozeß die Oppositionsgruppen und Bürgerbewegungen für eine kurze Zeit die Stimmung breiter Teile der Bevölkerung artikulieren konnten, hat mit ihrer Herkunft und ihrem Selbstverständnis zu tun. Von ihrer Entstehungsgeschichte her waren die verschiedenen Oppositionsgruppen eher kultur- als machtorientiert, basisdemokratisch und globalen Politikkonzepten abhold. Sie öffneten die Gesellschaft für einen nie erlebten breiten Diskurs, für eine offene und kontroverse Debatte der Probleme, die die Menschen bedrückten. Wer nach längerer Zeit im Ausland zurückkahm und das DDRFernsehen anschaltete, traute seinen Augen und Ohren nicht. Statt der grauenhaften Bilder des

offiziellen chinesischen Fernsehens über die Ereignisse in Peking, die im
Sommer als Warnung an die eigenen Bürger gleich mehrmals ausge-
strahlt worden waren, fanden jetzt heftige Diskussionen über die Folgen
des Stalinismus und dessen Erbe in der DDR statt. Hier hatten die
neuen politischen Bewegungen einen entscheidenden Anteil.

Mit einer Situation konfrontiert, in der die alte, als unüberwindbar er-
scheinende Machtordnung sich als Koloß auf tönernen Füßen erwies, gerieten sie aber sehr schnell, zu schnell, in erhebliche Schwierigkeiten.
Sollten sie sich an dem Kampf um Macht und Einfluß beteiligen, oder
sich weiterhin als Stimmen einer anderen als der Logik der Macht begreifen.

Der im Januar 1990 unternommene und dann sehr schnell gescheiterte
Anlauf, gemeinsam zu den vorgezogenen Volkskammerwahlen anzutre-
ten, war der Versuch, beide Konzepte miteinander zu verbinden. Mit der
Umwandlung einiger Gruppierungen in Parteien zerfiel der alte Kon-
sens, der von gemeinsamen Wertorientierungen geprägt war. Gleichwohl
blieben auch über den Wahlkampf und die Volkskammerwahlen hinaus
Gemeinsamkeiten, die von Erfahrungen der Zeit vor dem November
1989 geprägt blieben, als man angesichts der Unbeweglichkeit der alten
SED-Führung und ihrer offenen Unterstützung der reaktionären Regime in Rumänien und China mit einer gewaltsamen Niederwerfung jeder Opposition und wachsender Repression in der DDR rechnen mußte.

Das Wahlergebnis vom 18. März 1990 (nur 2,9% der Wähler stimmten
für "Bündnis 90") zeigte ein altes Dilemma der Opposition. Es war in der
DDR nie gelungen, ein Bündnis von Systemopposition, die wesentlich
von Intellektuellen getragen wird, kritischer Parteiintelligenz und Arbeiterschaft zustande zu bringen. Daran waren alle früheren Versuche gescheitert, die Parteiherrschaft zu stürzen oder auch nur radikal zu refor-
mieren: 1953, 1957 und in den Jahren nach 1963.

Bereits Monate vor dem Oktober 1989, verstärkt nach den
manipulierten Kommunalwahlen vom Mai des gleichen Jahres, hatten

die vielen Basisinitiativen in der DDR, die meist unter dem Dach der Kirche Zuflucht gefunden hatten, zu entscheiden, ob und wenn ja, wie sie den notwendigen Prozeß der Veränderung in der DDR anstoßen könnten. Die massive Ausreisewelle des Spätsommers forderte zu einer klaren Positionsbestimmung heraus. Auch 1990 blieben die Verfechter einer neuen politischen Kultur in der Minderheit.

Mitte August forderte die innerkirchliche Gruppe "Absage an Prinzip und Praxis der Abgrenzung" zur Bildung einer Sammlungsbewegung auf, die bei den nächsten Wahlen als eine "identifizierbare Alternative" zu den Blockparteien und der SED auftreten könne.

Es war kein Zufall, daß im Oktober/November das "Neue Forum" zum Symbol des Wandels und der Auflehnung geworden war. Das Neue Forum verstand sich als links-pluralistisches Sammelbecken der Opposition und versteht sich noch immer als Vereinigung, die einen "demokratischen Dialog" über Fragen, die die gesamte Gesellschaft angehen, ermöglichen und anstoßen will. Im Gründungsaufruf hatte es u.a. geheißen: "Um alle diese Widersprüche zu erkennen, Meinungen und Argumente dazu anzuhören und zu bewerten, allgemeine von Sonderinteressen zu unterscheiden, bedarf es eines demokratischen Dialogs über die Aufgaben des Rechtsstaates, der Wirtschaft und der Kultur. Über diese Fragen müssen wir in aller Öffentlichkeit, gemeinsam und im ganzen Land, nachdenken und miteinander sprechen ... Wir bilden deshalb gemeinsam eine politische Plattform für die ganze DDR, die es Menschen aus allen Berufen, Lebenskreisen, Parteien und Gruppen möglich macht, sich an der Diskussion und Bearbeitung lebenswichtiger Gesellschaftsprobleme in diesem Land zu beteiligen. Für eine solche übergreifende Initiative wählen wir den Namen NEUES FORUM."[3]

Am 12. September veröffentlichten zwölf Personen einen "Aufruf zur Einmischung in eigener Sache" (unter ihnen Ulrike Poppe, Wolfgang Ullmann und Konrad Weiß), in dem sie angesichts der Reformunwilligkeit des Staatssozialismus und der aktuellen Krise der DDR dazu aufrie-

---

3   Aufbruch 89. NEUES FORUM, in: Oktober 1989. Wider den Schlaf der Ver-

fen, ein Bündnis aller reformwilligen Menschen zu bilden. "Alle, die sich beteiligen wollen, laden wir zu einem Dialog über Grundsätze und Konzepte einer demokratischen Umgestaltung unseres Landes ein."[4] Mit diesem Aufruf trat die "Bürgerbewegung Demokratie Jetzt" an die Öffentlichkeit. Ihm waren "Thesen für eine demokratische Umgestaltung in der DDR" beigefügt, in denen es einleitend hieß: "Das Ziel unserer Vorschläge ist es, den inneren Frieden unseres Landes zu gewinnen und damit auch dem äußeren Frieden zu dienen. Wir wollen eine solidarische Gesellschaft mitgestalten und alle Lebensbereiche demokratisieren. Zugleich müssen wir ein neues, partnerschaftliches Verhältnis zu unserer natürlichen Umwelt finden. Wir wollen, daß die sozialistische Entwicklung, die in der Verstaatlichung steckengeblieben ist, weitergeführt und dadurch zukunftsfähig gemacht wird. Statt eines vormundschaftlichen, von der Partei beherrschten Staates, der sich ohne gesellschaftlichen Auftrag zum Direktor und Lehrmeister des Volkes überhoben hat, wollen wir einen Staat, der sich auf den Grundkonsens der Gesellschaft gründet, der Gesellschaft gegenüber rechenschaftspflichtig ist und so zur öffentlichen Angelegenheit (RES PUBLICA) mündiger Bürgerinnen und Bürger wird. Soziale Errungenschaften, die sich als solche bewährt haben, dürfen durch ein Reformprogramm nicht aufs Spiel gesetzt werden."[5]

Die Bürgerbewegungen waren in einer Zeit entstanden, als jede politische Betätigung außerhalb der geregelten Formen der "sozialistischen Demokratie" behindert und von staatlicher Seite unterdrückt wurde. Davon zeugen die inzwischen öffentlichen Berichte des Ministeriums für Staatssicherheit, das die SED-Führung vor dem wachsenden Einfluß der Ideen dieser Gruppen auf die Bevölkerung warnte. Ihre Größe schätzte die Staatssicherheit auf ca. 2500 Personen.

---

nunft, Berlin 1990, S. 18f.

4   Aufruf zur Einmischung in eigener Sache, abgedruckt in: Demokratie Jetzt. Dokumentation des Arbeitsbereichs DDR-Forschung und Archiv (zusammengestellt von Helmut Müller-Enbergs), Berliner Arbeitshefte und Berichte zur sozialwissenschaftlichen Forschung, Nr.19, Berlin, Jan. 1990, Dok. Nr. 26.

5   Thesen für eine demokratische Umgestaltung der DDR, in: Aufruf zur Einmischung, a.a.O., Dok. Nr. 27.

Etwa 600 Personen gehörten den Führungsgremien an, während "den sogen. harten Kern eine relativ kleine Zahl fanatischer, von sogen. Sen-
dungsbewußtsein, persönlichem Geltungsdrang und politischer Profilie-
rungssucht getriebener, vielfach unbelehrbarer Feinde des Sozialismus
bildet." Zu diesen etwa 60 Leuten gehörten nach Einschätzung der
Staatssicherheit Pfarrer Eppelmann, Ulrike Poppe, Bärbel Bohley, Werner Fischer u.a.[6] Die Berichte des MfS zeigen auch, daß diese Gruppen
systematisch von der Staatssicherheit ausgespäht und unterwandert worden sind.[7]

"Doppelherrschaft": Die Regierung Modrow und der "Runde Tisch"

Wie häufig in revolutionären Übergangszeiten etablierte sich aber neben
den alten staatlichen Organisationen eine Parallelstruktur, die den Willen zu grundsätzlichen Veränderungen repräsentiert. In der DDR war
dies (nach dem polnischen Vorbild) der "Runde Tisch", an dem seit dem
7. Dezember 1989 die Vertreter der Oppositionsgruppierungen
gleichberechtigt neben der SED und den "alten" Parteien und Organisationen saßen. Runde Tische entstanden in der Folgezeit auf allen Ebenen der staatlichen Hierarchie und in vielen nichtstaatlichen Institutionen.

In seiner ersten Regierungserklärung am 17. November 1989 hatte der
neue Regierungschef Hans Modrow einen grundsätzlichen Wandel der
Politik versprochen. Angekündigt wurde ein umfangreiches Reformprogramm, v.a. Rechtsstaatlichkeit und Rechtssicherheit, ein neues Wahlge-
setz und freie Wahlen 1990, eine Strafrechtsreform, die Schaffung eines

---

6   Information über beachtenswerte Aspekte des aktuellen Wirksamwerdens inne-
    rer feindlicher, oppositioneller und anderer negativer Kräfte in personellen Zu-
    sammenschlüssen, in: Ich liebe euch doch alle!, a.a.O., S. 46ff.
7   Vgl. hierzu u.a.: Information über die weitere Formierung DDR-weiter opposi-
    tioneller Sammlungsbewegungen, in: Ich liebe euch doch alle!, a.a.O., S. 208ff.

Verfassungsgerichts und vor allem eine Wirtschaftsreform.[8] Besonders
hervorgehoben wurden ökologische Probleme, Fragen der Stadtentwicklung, Bildungsfragen und es wurde ein Ende der "Verstaatlichung
des kulturellen Lebens" versprochen - Bereiche also, deren Vernachlässigung und/oder ideologische Durchdringung wesentlich zur Unruhe im
Lande beigetragen hatten.

Die Verhandlungen am zentralen Runden Tisch in Berlin, der unter der
bewundernswert sachlichen und in einem positiven Sinne konfliktbewuß-
ten Leitung von Kirchenvertretern stattfanden, machten in ihrer
Anfangsphase deutlich, daß sich die Regierung, trotz vielfältiger Zugeständnisse, in entscheidenden Punkten (Wirtschaftsreform, Strukturre-
form des Staatsapparates) anfangs wenig flexibel zeigte. Erst Ende Januar, als wertvolle Zeit verloren war, gingen die Kontrahenten aufeinan-
der zu - Hans Modrow war erst am 15. Januar bereit, mit dem Runden
Tisch zu sprechen. Das anfänglich obstruktive Verhalten der Regie-
rungsvertreter gegenüber dem Runden Tisch (nicht nur, was die Frage
des Staatssicherheitsdienstes anging) und die zögerliche Bereitschaft zu
durchgreifenden politischen und vor allem wirtschaftlichen Sofortmaß-
nahmen ließen den Eindruck entstehen, daß die Regierung und die sie
dominierende Partei, die SED, nur dann zu Zugeständnissen bereit waren, wenn sie dazu gezwungen wurden.

Nach einer anfänglichen "Reformeuphorie" im November/Dezember
letzten Jahres, als es vielen so schien, als ob das alte System mit einem
Handstreich zu beseitigen sei und eine neue, demokratische, sozialistische politische Kultur in der DDR möglich wäre, zeigte sich sehr bald,
daß die Resistenz des poststalinistischen Herrschaftssystems gegenüber
weitreichenden Veränderungen ein nicht zu unterschätzender Faktor
war.

Die sich zuspitzende Krisensituation, vor allem in der Wirtschaft, wach-

8 Diese Regierung wird eine Regierung des Volkes und der Arbeit sein. Erklärung
   von Ministerpräsident Hans Modrow, in: Neues Deutschland vom
   18./19.11.1989, S. 3-5.

sende Ungeduld in der Bevölkerung und deutlichen Absetzbewegungen der ehemaligen "Blockparteien" (CDU, DBD, LDPD und NDPD), die fürchteten, in den Sog des Untergangs der SED zu geraten, hatten Ende Januar zum faktischen Ende der ersten Regierung Modrow geführt. Um den Zusammenbruch der politischen und wirtschaftlichen Ordnung mit unberechenbaren Folgewirkungen zu verhindern, einigte sich die Regierung am 28. Januar mit dem "Runden Tisch", die für den 6. Mai vorgesehenen Volkskammerwahlen auf den 18. März, die gefälschten Kommunalwahlen vom Mai 1989, die wesentlich zum Bürgerprotest beigetragen hatten, auf den 6. Mai 1990 vorzuziehen.

Die neuen Parteien und Bewegungen fanden sich am 5. Februar bereit, aus politischer Verantwortung in eine Regierung der nationalen Verantwortung unter Hans Modrow einzutreten.

Versucht man eine Bilanz der Arbeit der Regierung Modrow zu ziehen, so kann diese - angesichts der Umstände unter denen sie zustande kam und regierte - nur zwiespältig ausfallen. Als Hans Modrow am 13. November zum Ministerpräsidenten gewählt wurde, sollte seine Regierung die Wende der SED-Führung unter dem Übergangs-Generalsekretär Egon Krenz staatlich absichern und retten, was zu retten war. Gemessen an diesem Ziel ist diese Regierung gescheitert. Es scheint einen Wendepunkt gegeben zu haben, an dem - zum zweiten Mal - die Frage zu entscheiden war, ob der Zusammenbruch des alten Systems notfalls mit Gewalt verhindert werden sollte, oder die Einsicht in die Tatsache siegen sollte, daß der SED-Staat am Ende war. Dieser Zeitpunkt war im Januar gekommen, als durch provokatorische Schmierereien am sowjetischen Ehrenmal in Berlin-Treptow eine Destabilisierung betrieben und möglicherweise ein Eingreifen der Sowjetunion provoziert werden sollte. Die Hintergründe dieser offenkundig wohlvorbereiteten Aktion konnten nicht aufgeklärt werden. Daß es gelang, den Erneuerungsprozeß bis zu den freien Wahlen mit friedlichen Mitteln durchzustehen, ist nicht zuletzt auch ein Verdienst der Regierung Modrow.

Der Niedergang der Staatspartei SED

Auch diesmal hatte es in der SED seit längerem Versuche von einzelnen und kleinen Gruppen gegeben, eine grundlegende Reform anzustoßen. Aus vielerlei Gründen waren sie über das Stadium der Diskussion in kleinen Zirkeln nicht hinausgekommen. Im November/Dezember 1989 äußerten sie sich öffentlich und gewannen in den folgenden Wochen und Monaten einen bedeutsamen Einfluß auf den Prozeß der Umgestaltung der SED.

Dies gelang aber nur, weil die Parteibasis der SED aufbegehrte und eine Reform der Partei an Haupt und Gliedern forderte. Die Parteiführung unter Egon Krenz mußte am 3. Dezember dem Druck der Parteibasis weichen und kollektiv zurücktreten. Dies war das Ende der alten SED, die als marxistisch-leninistische Kaderpartei abdanken mußte.

Der von der Basis erzwungene Sonderparteitag der SED am 8. und 16./17. Dezember, dessen Verlauf eher dem einer studentischen Vollversammlung des Jahres 1968, als dem erstarrten Ritual einer "kampfgestählten" marxistischleninistischen Kaderpartei glich, beschloß eine "Neuformierung der SED als moderne sozialistische Partei", die einen radikalen Bruch mit den "stalinistisch geprägten Grundstrukturen" vollziehen müsse.[9] Der stalinistische Sozialismus habe auf keine der drängenden ökonomischen, sozialen, sicherheitspolitischen, ökologischen und kulturellen Existenzprobleme der Menschheit eine Antwort gehabt. Er sei vielmehr selbst Teil dieser Probleme.[10]

Der Parteitag konnte sich aber nicht zu dem radikalen Schritt einer Auf-

---

9 Vgl. zu dieser Diskussion im einzelnen Gert-Joachim Glaeßner, Vom "realen Sozialismus" zur Selbstbestimmung. Ursachen und Konsequenzen der Systemkrise in der DDR, in: Aus Politik und Zeitgeschichte B1-2/90 vom 5.1.1990, S. 3ff.
10 Für einen alternativen demokratischen Sozialismus. Diskussionsstandpunkt des Arbeitsausschusses zu der von der Basis ausgehenden Neuformierung der SED als moderne sozialistische Partei, in: Neues Deutschland vom 8.12.1989, S. 3.

lösung der historisch belasteten Partei entschließen. Ihr neuer Name SED-PDS (Partei des demokratischen Sozialismus) verband zwei kaum vereinbare Politikvorstellungen.

Trotz radikaler Selbstkritik gelang es der SED-PDS in der Folgezeit kaum, ihre politische Wandlung glaubhaft zu machen. Ihr Einfluß auf die staatlichen Dinge konnte zunächst gesichert werden - allerdings um den Preis, daß die SED-PDS auch unter ihrer neuen, reformorientierten Parteiführung viel Kredit verspielte, weil sie sich trotz aller Bemühungen nicht aus den Fesseln alten Denkens und der alten Apparatstrukturen befreien konnte und der sich beschleunigenden Veränderung des politischen Klimas weitgehend hilflos gegenüberstand. Daß sie trotzdem einen bemerkenswerten Erfolg bei den Wahlen erzielen konnte, hat wohl vor allem damit zu tun, daß es ihr gelang, viele Derjenigen an sich neu zu binden, die die sozialen Folgen der Vereinigung mit der Bundesrepublik fürchten.

Entstehung eines neuen Parteiensystems

Ähnlich erging es den Eliten der Blockparteien. Seit den späten 40er Jahren waren die Parteien des "Demokratischen Blocks", Demokratische Bauernpartei (DBD) christliche Demokraten (CDU), Liberaldemokraten (LDPD) und Nationaldemokraten (NDPD) zuverlässige Partner, genauer Gefolgsleute, der SED. Sie erkannten in ihren Programmen und Statuten bedingungslos die Führungsrolle des SED an und unterstützten die Politik der SED in der Volkskammer, den örtlichen Volksvertretungen, in der "Nationalen Front" und in ihrer Parteipresse .

Anfang Dezember 1989 traten diese Parteien aus dem "Demokratischen Block" aus. Damit war auch der Zerfall der "Nationalen Front" als wichtigste Bündnisorganisation der SED und personalpolitisches Regulativ bei der Wahl aller Volksvertretungen programmiert. Das Programm der

SED aus dem Jahre 1976 hatte die "Nationale Front" und den "Demokratischen Block" als "sozialistische Volksbewegung" bezeichnet, die einen bedeutenden Beitrag zur immer weiteren Annäherung der Klassen und Schichten auf dem Boden der Ideale der Arbeiterklasse leiste.[11] Jetzt sprach der Kommentator des Zentralorgans der SED in einem Kommentar von diesem Block völlig zu Recht als "überkommene, vom stalinistischen Geist geprägte" Struktur.[12]

Im Oktober noch hatten die "Blockparteien" einhellig die Führungsrolle der SED unterstützt. Während es der LDPD und der CDU gelang, im Laufe des November Ansätze einer eigenständigen Politik zu formulieren, blieben vergleichbare Versuche der beiden von der SED 1948 künstlich geschaffenen Parteien, der Demokratischen Bauernpartei Deutschlands (DBD) und der Nationaldemokratischen Partei Deutschlands (NDPD) merkwürdig unbestimmt.

Ende 1989 tauschten alle Blockparteien ihre Führungen aus (nur Manfred Gerlach blieb bis zum Februar 1990 Vorsitzender der LDPD) und gaben sich eine neue Programmatik, in der sie das Bekenntnis zum Sozialismus strichen. Sie alle versuchten vergessen zu machen, daß sie mit einer ähnlichen Erblast leben müssen wie die SED.

Ganz anders stellte sich die Situation für die neuen Parteien und Gruppierungen dar. Die vor dem Oktober 1989 bedeutsamen Bürgerbewegungen wie "Neues Forum" oder "Demokratie Jetzt" "Initiative Frieden u. Menschenrechte", haben eine hohe moralische Autorität, die aus ihrem Mut zum Widerspruch und dem oft jahrelangen Wirken ihrer Mitglieder in der oppositionellen Bewegung erwachsen sind. Die Bürgergruppen waren bewußt als Foren gegründet worden. Sie wollten einen gesellschaftlichen Dialog und Diskurs über die vielfältigen Probleme in Gang setzen, die sich in den Jahrzehnten der Diktatur des bürokrati-

---

11 Programm der Sozialistischen Einheitspartei Deutschlands (angenommen auf dem XI. Parteitag), Berlin(DDR) 1976, S. 60f.
12 Uwe Stemmler, Der Block ist zerbrochen, in: Neues Deutschland vom 7.12.1989, S. 2.

schen Sozialismus angehäuft hatten. Darin sahen sie die Grundvoraussetzung für das Entstehen einer zivilen Gesellschaft. Die Dynamik der Ereignisse führte aber sehr schnell dazu, daß dieser Prozeß überlagert wurde von der Notwendigkeit, neue, demokratisch legitimierte Institutionen, vor allem ein Parlament, eine frei gewählte Volkskammer, zu schaffen, um den Zerfall jeder Ordnung und den wirtschaftlichen und sozialen Zusammenbruch zu verhindern. Dies stellte die neuen Bewegungen - verfrüht - vor die Entscheidung, Partei zu werden oder Bewegung, mit den ihr eigenen Organisations- und Entscheidungsformen zu bleiben. Sie haben sich für letzteres entschieden, ohne sich jedoch dem parlamentarischen Geschehen fernzuhalten.

So wie die Bürgerbewegungen aus der besonderen Situation in der DDR entstanden waren, gestaltete sich anfangs auch die Bildung neuer Parteien. Ende 1989 und in den ersten Wochen des Jahres 1990 entstanden eine Vielzahl von Parteien und parteiähnlichen Gruppierungen, die sich beim Innenministerium formell registrieren ließen.

Unter dem wachsenden Einfluß und Druck westdeutscher Interessen formierten sich zu den Volkskammerwahlen die "Allianz für Deutschland", zu der sich, trotz unterschiedlicher Auffassungen und innerer Konflikte, die CDU, die der bayerischen CSU nahestehende "Deutsche Soziale Union" (DSU) und der als Bürgerbewegung entstandene "Demokratische Aufbruch - sozial+ökologisch" (DA) zusammenschlossen, der "Bund Freier Demokraten von LDPD, FDP der DDR und "Deutsche Forumpartei". Bereits Mitte Januar 1990 hatte sich die am 7. Oktober 1989 unter dem Namen SDP formell gegründete Sozialdemokratische Partei in SPD umbenannt und damit ihren Charakter als Teil der gesamtdeutschen Sozialdemokratie betont. Zu den vorgezogenen Volkskammerwahlen am 18. März 1990 kandidierten insgesamt 24 Parteien und Vereinigungen. Es gab fünf Listenverbindungen. Der unerwartet hohe Sieg der Allianz für Deutschland zeigt, daß die Bürger der DDR mit ihrer Wahlentscheidung eine radikale Abkehr von der bisherigen Politik und eine klare Entscheidung zugunsten der schnellen Vereinigung mit der Bundesrepublik Deutschland einleiten wollten.

Zusammenfassend läßt sich sagen, daß das Entstehen neuer politischer Bewegungen einen entscheidenden Anteil am friedlichen Verlauf der Revolution hatte. Sie machten den politischen Dialog erst möglich. Ihre Bereitschaft, an den Runden Tischen mit Vertretern der alten Ordnung für eine demokratische Umgestaltung zu streiten und schließlich im Februar in die Regierung Modrows einzutreten verdient Respekt.

Der vom zentralen Runden Tisch in Berlin erarbeitete Verfassungsentwurf für die DDR wird Verfassungsgeschichte machen - auch dann, wenn er nie Wirklichkeit wird.

Das schwache Wahlergebnis der neuen Gruppierungen scheint mir Ausdruck eines alten Dilemmas der Opposition in der DDR. Es gelang nie, ein Bündnis von intellektuellen Systemopposition, kritischer Parteiintelligenz und Arbeiterschaft zustande zu bringen: weder 1953, noch 1956/57 noch gar in den Jahren nach 1961.

2. Strukturelle Ursachen des Zuammenbruchs des "realen Sozialismus"

Oberflächlich waren es eine Kette von Fehleinschätzungen und Fehlentscheidungen einer überalterten Führungsgruppe um Erich Honecker, die das Ende des post-stalinistischen Systems in der DDR herbeiführten. In Wahrheit aber sind es strukturelle Ursachen, die das Ende des sozialistischen Experiments provozierten.

Die DDR stand da nicht allein. Im Jahre 1989 kollabierten die alten Regime in Polen, der Tschechoslowakei und Rumänien - die chinesische Führung konnte sich nur durch ein Massaker an der Macht halten. Es gilt also nach den tieferliegenden Ursachen der Systemkrise zu fragen.

Die gesellschaftliche und politische Krise der DDR ist Teil einer generellen Krise des poststalinistischen Sozialismus in den Ländern, denen nach dem Krieg das sozialökonomische und politische System der Sowjetunion aufgezwungen worden ist. Es ist nur auf den ersten Blick die Krise eines Systems, das unter mangelnder ökonomischer Leistungsfähigkeit leidet, auch wenn der wirtschaftliche Niedergang die politische und soziale Krise beschleunigt hat. Es ist im weiteren Sinne die Krise einer vor-modernen politischen und sozialen Ordnung.

Die kommunistischen Parteien waren bemüht, die von ihnen regierten Gesellschaften zu vereinheitlichen und nach ihrem Bilde einen neuen, "sozialistischen Menschen" zu schaffen. In Wirklichkeit aber hatte sich, in der DDR wie in anderen sozialistischen Ländern in den letzten 20 Jahren, ein kultureller und sozialer Wandel vollzogen und Entwicklungstendenzen gezeigt, die jenen in modernen westlichen Industriegesellschaften nicht unähnlich sind: Die soziale Struktur der Gesellschaft differenzierte sich, die alten Klassenkonflikte verloren an Bedeutung, neue "cleavages" entstanden. Neue Wertorientierungen und Verhaltensweisen traten hervor, die Einflüsse internationaler Kultur und Zivilisation ließen sich nicht mehr künstlich fernhalten, wie noch Anfang der 60er Jahre, als die Parteiführung versucht hatte, den Empfang westlicher Fernsehprogramme zu unterbinden. Gleichwohl war die Bevölkerung durch Mauer und Grenze daran gehindert, aktiv an dieser Entwicklung teilzuhaben. Das Gefühl, eingesperrt zu sein wuchs und mit ihm die Unzufriedenheit. Auf alle diese Erscheinungen hat die SED nicht oder nur unzureichend reagiert.

Seit 1985 kam ein weiterer, für die Vertreter der Orthodoxie höchst gefährlicher Aspekt hinzu: Glasnost und Perestroika in der Sowjetunion. Der welthistorisch einmalige Prozeß eines - bislang nicht kriegerisch vollzogenen - Übergangs einer Diktatur mit hegemonialem Anspruch zu einem aufgeklärten Autoritarismus und tendenziell zu einer Demokratie konnte nicht ohne Auswirkungen auf die Länder bleiben, die einmal das "sozialistische Lager" gebildet hatten. Die rapiden und z.T. abrupten ideologischen und gesellschaftspolitischen Veränderungen, die in den letzten Jahren, von der Sowjetunion ausgehend, auch andere sozialistische Länder erfaßten, haben 1989 nachhaltig sowohl die innere Ordnung der einzelnen Länder, als auch den sozialistischen Staatenverbund insgesamt erschüttert. Die Auflösung des Systemverbunds in viele einzelne, nationale und kaum noch vergleichbare Varianten ist inzwischen weit fortgeschritten, eine Entwicklung, die die politische Landschaft in Europa bereits jetzt fundamental verändert hat.

Bei der Suche nach den Ursachen der Krise des "realen Sozialismus" stößt man auf das Faktum, daß die tradierten autoritären und zentralistischen Strukturen des politischen und ökonomischen Systems sich als Hemmfaktoren im Modernisierungsprozeß erweisen haben. Die Politik war nicht in der Lage, die wissenschaftlich-technischen, ökonomischen, sozialen und kulturellen Herausforderungen zu bewältigen, vor die die sozialistischen Länder seit etwa zwei Jahrzehnten gestellt waren.

Das ökonomische Desaster, vor dem die DDR heute steht und dessen Ausmaß nicht einmal diejenigen geahnt haben, die den Aussagen der DDR-Statistik mit großer Skepsis gegenüberstanden, zeigt, daß nicht einzelne, möglicherweise sich häufende Fehlentscheidungen, sondern systemimmanente Strukturdefekte die gegenwärtige Misere herbeigeführt haben. Es ist die Vorstellung, eine moderne, industrielle Gesellschaft lasse sich von einem Zentrum aus planen und regeln. Und es ist die Vorstellung, daß die marxistisch-leninistische Partei als einzige gesellschaftliche Kraft im Besitz der wissenschaftlichen Einsicht in die gesellschaftlichen Gesetzmäßigkeiten sei.

In dieser Vorstellung liegt der tiefere Grund für die Herausbildung autoritärer politischer und gesellschaftlicher Strukturen, die unflexibel und wenig anpassungsfähig sind und auf Wandlungs- und Modernisierungsnotwendigkeiten, wenn überhaupt, dann nur mit erheblicher Zeitverzögerung und halbherzig antworten.

In einem Kommentar des Neuen Deutschland vom 6.12. hieß es, daß die Umwandlung der SED zur Partei neuen Typs 1948 und die damals gefundene Struktur der Partei abgeschafft werden müßten, wenn es gelingen solle, die SED in eine demokratische Partei zu verwandeln. Es gehe um die Überwindung des strukturellen Stalinismus. Diese Kenn-

zeichnung meint eine Politikvorstellung, die sich folgendermaßen kenn-
zeichnen läßt: Die SED begriff das politische System als einen einheitlichen, von der marxistisch-leninistischen Partei geformten, gelenkten und
kontrollierten Zusammenhang, innerhalb dessen die Eigenständigkeit
einzelner Politikbereiche und Politikfelder ebensowenig akzeptiert
wurde, wie eine Teilung der Gewalten. Nur eine zentralisierte, nach einheitlichen Prinzipien gestaltete Politik konnte nach ihrer Auffassung die
gesellschaftspolitische Ziele der Partei, den Aufbau des Sozialis-
mus/Kommunismus verwirklichen. Alles hatte sich diesem Ziel unterzuordnen. Nur innerhalb dieses einheitlichen Gefüges von Partei, Staat
und Gesellschaft konnte sie sich eine funktionale Aufgabenverteilung
zwischen einzelnen Institutionen und Organisationen vorstellen. Exeku-
tive, Legislative und Judikative, staatliche Institutionen und
"gesellschaftliche Organisationen" hatten aber stets die Führungsrolle
der Partei zu akzeptieren. Die " marxistisch-leninistische Partei" sah sich
als "politisch-organisatorischem Zentrum der Gesellschaft". Der Staat
war ihr "Hauptinstrument" bei der Gestaltung der sozialistischen Gesellschaft".[13] Die Massenorganisationen (Gewerkschaften, Jugend- und
Frauenverband usw..) und die "befreundeten" Parteien hatten sich
"freiwillig" der Führungsrolle der SED unterzuordnen. Jede Überlegung,
die die Eigenständigkeit einzelner Bestandteile des politischen Systems
oder gar Ideen der Gewaltenteilung in den Blick nahm, wurde als Gene-
ralangriff auf die Grundfesten der staatlichen und gesellschaftlichen
Ordnung begriffen. Alle Teile des politischen Systems hatten den gleichen Zielen zu dienen, nach den gleichen Prinzipien zu funktionieren.
Das bedeutete vor allem, den "Demokratischen Zentralismus" als Regelungsprinzip der gesamten Gesellschaft anzuerkennen.

Die Struktur und Funktion des politischen Systems des Sozialismus sowjetischen Typs zeigen deutlich, daß der "Demokratische Zentralismus"
als Regelungsprinzip die Suprematie der kommunistischen Partei in allen Bereichen der Gesellschaft sichern half. Sie zu beseitigen bedeutet,
die personellen Einflußmöglichkeiten der Partei über die Kaderpolitik,
besondere Anleitungs- und Kontrollmechanismen (Parteiauftrag, Par-

---

13 Vgl. hierzu: Einführung in die marxistisch-leninistische Staats- und Rechtslehre,
    Berlin(DDR), 1986 S. 59.

teiaktivs, usw.) und die Parallelstruktur von Parteiapparat, staatlichen Verwaltungen und Staatssicherheit zu beseitigen.

Der Anspruch des Parteistaates, alle Bereiche der Gesellschaft seinem lenkenden und regelnden Zugriff zu unterwerfen, verhinderte eine Problem- und sachbezogene Politik. Der tradierte Zentralismus und Autoritarismus waren - auch ohne alle Erscheinungen der Korruption und neofeudaler Privilegien - entscheidende Hemmfaktoren für die gesellschaftliche Entwicklung und die Bewältigung der ökonomischen, sozialen und kulturellen Herausforderungen, vor die sich die DDR ebenso wie die anderen sozialistischen Länder seit längerem gestellt sah. Die parteizentrierte Struktur von Gesellschaft und Politik verhinderte einen erfolgreichen Modernisierungs- und Anpassungsprozeß und führte letztlich zum Zusammenbruch des alten Systems.

Das Ende des "realen Sozialismus" ist das Ende der DDR

Spätestens die Wahlen vom 18. März haben gezeigt, daß das politische und soziale System des "realen Sozialismus" auch in der DDR an sein Ende gekommen ist. Es ist dem Sozialismus sowjetischen Typs nicht gelungen, seine Überlegenheit gegenüber dem Kapitalismus unter Beweis zu stellen. Er war nicht in der Lage, die Fesseln des Stalinismus abzustreifen und eine moderne, leistungsfähige sozialistische Gesellschaft zu errichten. Nur eine radikale Modernisierung des Systems hätte, wenn überhaupt, noch Elemente dessen retten können, was an der Wiege der sozialistischen Bewegung gestanden hat. Diese historische Chance ist - nicht nur in der DDR - vertan worden.

In einem Papier des Forschungsprojekts "Philosophische Fragen der Erarbeitung einer Konzeption des modernen Sozialismus" an der Humboldt-Universität Berlin hieß es zu den tieferliegenden Ursachen der Krise: "Die tendenziell krisenhafte Zuspitzung voller Probleme und die

Gefahr ihrer explosiven Überlagerung wie aber auch die Schwierigkeiten ihrer progressiven Bewältigung haben in der wachsenden Ohnmacht der Individuen gegenüber den geschaffenen gesellschaftlichen Strukturen den zentralen Punkt. Die Vergesellschaftung hat fast ausschließlich Formen der Verstaatlichung angenommen. Vor- und Fürsorge für bestimmte, staatlich festgelegte Bedürfnisse der Menschen einerseits und andererseits Anwendung repressiver Maßnahmen dort, wo auf Veränderung wesentlicher gesellschaftlicher Strukturen gedrängt wird, bedingen einander. Für ein auf eigener Einsicht begründetes Handeln, für eigene Verantwortung und Risikobereitschaft, als Grundwerte heutiger Generationen bleibt nur wenig Raum. Es dominiert die Erfüllung von administrativ vorgesetzten Inhalten."[14]

Dieser Mechanismus verhinderte eine substantielle Veränderung und Anpassung des politischen und gesellschaftlichen Systems an sich verändernde Gegebenheiten. Es wäre in der DDR, wie in den anderen sowjetsozialistischen Ländern um einen grundlegenden Modernisierungs- und Umbauprozeß gegangen, der, hätte er erfolgreich sein sollen, die Fesseln der post-stalinistischen sozio-ökonomischen, politischen und kulturellen Strukturen von Gesellschaft und Politik sprengen mußte. Dies war conditio sine qua non für eine erfolgreiche Modernisierung des politischen, ökonomischen und gesellschaftlichen Systems. Nach dem Beginn von Perestroika in der Sowjetunion bestand in der DDR die reale Chance, einen solchen geregelten Transformationsprozeß einzuleiten. Sie wurde nicht genutzt.

Die Komplexität der neuen Problemkonstellation wurde von der SED-Führung mit ihren parteizentralistischen Planungs- und Herrschaftskonzepten nicht begriffen. Sie sah nicht, daß sich in der DDR seit den 60er Jahren soziale, kulturelle und politische Veränderungen vollzogen hatten, die alle Politikebenen tangierten. Weder die bestehenden normativen Regelungen, noch das existierende Institutionensystem und die tradierten Politikmuster waren in der Lage,

---

14 Zur gegenwärtigen Lage der DDR und Konsequenzen für die Gestaltung der Politik der SED, in: Oktober 1989: Wider den Schlaf der Vernunft, Berlin 1989, S. 107f.

die neuen Problemlagen zu verarbeiten. Der "reale Sozialismus", dieses Derivat stalinistischer Herrschaft, hat sich als ein politisches und sozialökonomisches System erwiesen, das den Herausforderungen einer modernen Gesellschaft nicht gewachsen ist. Er ist historisch gescheitert und mit ihm das "Modell DDR".[15]

Es stellt sich die Frage, welche Konsequenzen dieses Scheitern, aber auch die neu gewonnenen demokratischen Erfahrungen für die zukünftige deutsche Demokratie haben können und werden.

3. Herausforderungen an die Demokratie in Deutschland

Das Ende der DDR ist auch das Ende der Bundesrepublik - auch wenn der Vereinigungsprozeß nach Art. 23 GG erfolgt ist. Die Erfahrung der friedlichen Umwälzung in der DDR hat sich in einem Verfassungsentwurf niedergeschlagen, den wir als produktive Herausforderung begreifen sollten, über unsere eigene Ordnung noch einmal nachzudenken.

Die politische Ordnung der Bundesrepublik entstand auf den Trümmern der Weimarer Republik und verarbeitete die traumatischen Ereignisse des "Dritten Reiches". Die neue deutsche Demokratie wird die Erfahrungen von mehr als 40 Jahren SED-Diktatur ebenso verarbeiten müssen, wie die der demokratischen Revolution in der DDR und sie kann sich stützen auf 45 Jahre gefestigter demokratischer Erfahrungen in der Bundesrepublik. Hier liegt die Chance für ein erneuertes Demokratieverständnis.

Der bedeutende Politikwissenschaftler Carl Joachim Friedrich hat in seiner 1959 erschienen Schrift "Demokratie als Herrschafts- und Lebensform" darüber nachgedacht, wie es gelingen könne, "die Verfassung nicht

15 So lautete der Titel eines verbreiteten Buches zum politischen und gesellschaft-

formalistisch, sondern lebendig-organisch aufzufassen, als eine Gesamtheit menschlicher Beziehungen, die auf genossenschaftlicher Zusam-
menarbeit beruhen".[16]

Friedrich formulierte diese Aufgabe im Hinblick auf die "Perversionser-
scheinungen, wie sie in der Volksdemokratie an den Tag getreten"[17]
seien. Friedrichs Frage ist angesichts der gegenwärtigen Entwicklungen
so aktuell wie vor dreißig Jahren, nur ist es heute eher die Perspektive
System-Lebenswelt, die uns nach der Zukunft der Demokratie und der
Rolle des Bürgers in ihr fragen läßt.

In einer Denkschrift von 1985 mit dem Titel "Evangelische Kirche und
freiheitliche Demokratie. Der Staat des Grundgesetzes als Angebot und
Aufgabe" hat die "Kammer für öffentliche Verantwortung" der EKD
(Mitglieder sind u.a. Erhard Eppler, Roman Herzog, Trutz Rendtorff
(Vors.) und Jürgen Schmude) den Staat als "Gemeinschaftsordnung" bezeichnet, die der partizipatorischen Mitwirkung der Staatsbürger be-
dürfe.

"Der Staat ist die Ordnung für das politische Zusammenleben. In ihm
verwirklicht sich die politische Gemeinschaftsfähigkeit und -bedürftigkeit
des Menschen. Das Ziel einer demokratischen Verfassung ist der Staat
als Aufgabe gemeinsamer Gestaltung durch die Bürger. Sie müssen als
Demokraten en demokratisch verfaßten Staat tragen.[18]

In jeder staatlichen Ordnung, die die Gemeinschaftsbedürftigkeit des
Menschen fördert und zugleich Frieden, Sicherheit und soziale Wohl-
fahrt gewährleistet, muß es Institutionen geben, die über die nötigen
Machtbefugnisse verfügen, um diese Aufgaben erfüllen zu können. Eine

---

lichen System der DDR; vgl. Rüdiger Thomas, Modell DDR. München 1977.
16 Carl Joachim Friedrich, Demokratie als Herrschafts- und Lebensform, Heidel-
    berg 1959, S. 9
17 Ebd.
18 Evangelische Kirche und freiheitliche Demokratie. Der Staat des Grundgesetzes
    als Angebot und Aufgabe. Eine Denkschrift der Evangelischen Kirche in
    Deutschland, Gütersloh 1985, S. 17f.

auf Vernunft gründende Staatsauffassung akzeptiert, daß der Leviathan mit Macht ausgestattet ist, ja sie erwartet es. Aber sie trachtet auch danach, Macht und Herrschaft zu teilen und wirksam zu kontrollieren.

Max Webers 1918 ausgesprochene Warnung vor dem Sozialismus als Herrschaftsordnung, in der es keine Konkurrenz mit Machtbefugnissen ausgestatteter Institutionen mehr gebe, war von dieser Einsicht getragen. Die Frage an eine demokratische Gesellschaft angesichts des Scheitern des "realen Sozialismus" ist, in welchem Umfang sie die - notwendigen - Herrschaftsbeziehungen im staatlichen, wirtschaftlichen, sozialen und kulturellen Bereich beschränkt, kontrolliert und der Mitbestimmung der Bürger öffnet. Wäre die Demokratie nur eine Herrschaftsform, genügte es, die Freiheit der Bürger in einem Rechtsstaat durchzusetzen. Das Bestehen auf der Verwirklichung des personalen Freiheitsraums der Bürger und die Achtung der "Sicherungsfunktion formaler Verfahrensregeln und institutioneller Gegengewichte" ist aber (Jürgen Seifert[19]) heute so aktuell wie nie - angesichts der immer ausgedehnteren Eingriffe der staatlichen Verwaltung in die Lebenswelt der Bürger. Art. 20, Abs. 1 GG und die umfangreiche Staatszielbestimmungen des Verfassungsentwurfs formulieren aber auch eine soziale Aufgabe: die Schaffung eines demokratischen und sozialen Bundesstaates. Wie er auszusehen habe, dies zu bestimmen ist nicht die Aufgabe einer demokratischen Verfassung.

Wenn der demokratische Staat als eine dauerhafte Organisation diesem Ziel dienen soll, kann er, will er demokratisch bleiben, keine letzte, und absolut gesetzte Autorität sein. Er muß, ebenso wie die Rechtsordnung, veränderungsfähig bleiben. Als Gemeinschaftsordnung kann er schließlich keinen totalen Anspruch gegenüber seinen Bürgern erheben und keine letzten Wahrheiten für sich in Anspruch nehmen; er kennt keine letzten, allgemein verbindlichen Ziele, die alle Bürger zu akzeptieren hätten.

Das Verständnis von Demokratie als "Herrschafts- und Lebensform"

---

19 Jürgen Seifert, Vom autoritären Verwaltungsstaat zurück zum Verfassungsstaat. Eine in die Zukunft weisende Rückbesinnung, in: Frankfurter Rundschau vom

stellt erneut die Frage nach den Trägern von Herrschaft und ihrer Kontrolle. Die alte Frage: Herrschaftliche versus genossenschaftliche Sozialverhältnisse (Otto v. Gierke, Hugo Preuss, Alfred Vierkandt, C.J. Friedrich[20] u.a.) gewinnt neue Bedeutung. Die erste Frage ist die nach den legitimierten Trägern von Herrschaft.

Ernst Fraenkels klassische Definition des Repräsentationsprinzips als "rechtlich autorisierte Ausübung von Herrschaftsfunktionen durch verfassungsmäßig bestellte, im Namen des Volkes, jedoch ohne dessen bindenden Auftrag handelnde Organe eines Staates oder sonstigen Trägern öffentlicher Gewalt, die ihre Autorität mittelbar oder unmittelbar vom Volk ableiten und mit den Anspruch legitimieren, dem Gesamtinteresse des Volkes zu dienen und dergestalt dessen wahren Willen zu vollziehen"[21] diese Definition wendet sich - um mit Otto Kirchheimer zu sprechen - gegen die "Fata Morgana einer Gesellschaft ..., die ohne zwischengeschaltete öffentliche Organisationen auskommt, die zwischen Gruppen und Einzelnen und zwischen verschiedenen Gruppen vermitteln."[22]

Das Grundgesetz insistiert auf dem Repräsentationsprinzip. Es ist von historischer Erfahrung und der Furcht vor einer rousseauistischen, in der Tendenz, totalitären Konsequenz direktdemokratischer Herrschaftsausübung bestimmt. Ganz anders der Verfassungsentwurf des Runden Tisches, der viele plebiszitäre und direkt-demokratische Elemente in der Verfassung verankern will. Problematisch ist - aus heutiger Sicht - die Überbetonung des Repräsentationsprinzips gegenüber der Möglichkeit unmittelbarer Partizipation der Bürger, wie sie sich im Grundgesetz findet.

21.12.87, S. 10.

20 Vgl. Carl Joachim Friedrich, Demokratie, a.a.O.; ders.: Politik als Prozeß der Gemeinschaftsbildung. Eine empirische Theorie, Köln/Opladen 1970; Otto v. Gierke, Das deutsche Genossenschaftsrecht, 3 Bde., Graz 1954 (Neudruck der Ausgabe von 1869).

21 Ernst Fraenkel, Deutschland und die westlichen Demokratien, Stuttgart u.a. 1977 (6), S. 113.

22 Otto Kirchheimer, Politische Herrschaft, Frankfurt a.M. 1967 (2), S. 129.

Wir stehen heute - in einer gesellschaftlichen und politischen Umbruch-
situation, die einen Vergleich mit der Zeit der bürgerlichen Revolution
nicht zu scheuen braucht - vor dem Tatbestand, daß die auf dem Repräsentationsprinzip beruhenden Legitimationsmuster der Politik in Frage
gestellt werden, zugleich aber andere als im schlechten Sinne utopische
oder historisch diskreditierte Global-Alternativen wie der "reale Sozialismus" nicht mehr zur Verfügung stehen. Weder die spätrousseauistische
Variante Lenins und seiner Nachfolger, noch die in verschiedenen Klei-
dern auftretende Vorstellung eines Auszugs aus der hochdifferenzierten,
von großen Organisationen und mächtigen politischen Institutionen geprägten Gesellschaft vermögen eine überzeugende Alternative zur parla-
mentarisch repräsentativen Demokratie zur Verfügung zu stellen.

Konzepte einer alle gesellschaftlichen Bereiche durchdringenden partizi-
pativen Demokratie, wie sie die Debatte Anfang der 70er Jahre bestimmt haben, sind ebenfalls enttäuscht worden. Sie operierten mit
falschen anthropologischen Grundannahmen und überschätzten sowohl
die Fähigkeit, wie die Bereitschaft der Bürger zur aktiven Beteiligung an
den politischen und gesellschaftlichen Dingen. (Schließlich wurde die
Frage, ob der beklagte Mangel an Partizipation nicht auch Ausdruck der
Zufriedenheit mit den wirtschaftlichen, sozialen und politischen Verhältnissen sein könne, nicht genügend ernst genommen.) Jenseits der
Debatte um Pluralismus und (Neo)Korparatismus ist festzuhalten, daß
moderne Demokratien vor allem auf organisierte soziale und politische
Interessen großer Gruppen zugeschnitten sind, die die Fähigkeit haben,
ihre Interessen zu definieren, zu organisieren und die Chance nutzen, sie
machtpolitisch umzusetzen. Dieses Zusammenspiel von Interessengrup-
pen   und   politischen   Repräsentanten   funktionierte   in   der
Bundesrepublik (auch in Krisenzeiten) bisher ohne große Probleme und
hat sicher zur Stabilität der sozialen und politischen Ordnung
entscheidend beigetragen. Zugleich aber ist erkennbar, daß neue "issues"
und veränderte "cleavages", die das Ergebnis ökonomischer
Umstrukturierung und sozialer, kultureller und politischer
Differenzierungsprozesse sind, nicht, oder nur mit großer Verspätung
wahrgenommen werden. Die "offizielle" Politik jedenfalls bearbeitet sie
nur fragmentarisch.

Die Vereinigung Deutschlands, soviel erscheint sicher, wird diese Probleme eher verschärfen. Angesichts dieser Herausforderungen und angesichts der politischen Reife des Umbruchs in der DDR nach einer Verstärkung plebiszitärer Elemente und einer Erweiterung der Partizipation der Bürger zu verlangen - erscheint mir nicht unbillig. Ein Denken in Kategorien von "Anschluß" und "Unterwerfung" wird der Situation nicht gerecht. Eine zukünftige Demokratie in Deutschland kann nur - soll sie dauerhaft sein und von den Bürgern akzeptiert werden - auf der Grundlage gemeinsamer und unterschiedlicher historischer Erfahrungen basieren - und das heißt, daß man sich über diese Erfahrungen erst einmal verständigen muß.

Dieter Klein

Theoretische Reflexionen zur Krise der DDR

1. These: Was ist gescheitert? Was hat gesiegt? In den Wertungen des Umbruchs im Osten gibt es in einer Frage Übereinstimmung: "Das ist ein welthistorischer Vorgang erster Ordnung, dessen mittel- und langfristige Auswirkungen sich erst in Umrissen erahnen lassen."[1] "Die Auflösung der Blöcke ist ein Ereignis von solcher Wucht und Tragweite, daß es gerechtfertigt ist, von einer Zeitenwende zu sprechen." Sie wird für Europa vielfach als das Ende der Nachkriegsordnung bestimmt[2], "die am 9. November 1989 mit der Öffnung der Berliner Mauer zu Ende gegangen ist."[3]

Der Inhalt dieses historischen Umbruchs wird unterschiedlich bestimmt, als

- "Zusammenbruch des Kommunismus als Idee und Praxis"[4]
- Revolution, die das Zeitalter der Revolutionen beendet, indem sie einen Schlußstrich unter den in Revolutionen entstandenen bürokratischen Sozialismus setzt,
- nachholende Revolutionen, orientiert auf die Rückkehr zum

1   Hans-Peter Schwarz, Auf dem Weg zum post-kommunistischen Europa, in: Europa-Archiv, 11/1989, S. 319.
2   Gerhard Heimann, Die Auflösung der Blöcke und die Europäisierung Deutschlands, in: Europa-Archiv, 5/1990, S. 168.
3   Ebd., S. 171.
4   Hans-Peter Schwarz, a.a.O., S. 319.

demokratischen Rechtsstaat und den Anschluß an den kapitalistischen Westen, "als eine gewissermaßen rückspulende Revolution ..., die den Weg frei macht, um versäumte Entwicklungen nachzuholen".[5]

- als ein Prozeß, der zur Auflösung der Blöcke, zur Entideologisierung des Ost-West-Konflikts und zur Möglichkeit seiner Entmilitarisierung führt,

- als ein Prozeß, der das Ende des Ost-West-Konflikts bedeute: "Der Ost-West-Konflikt hat sich in seinem Kern aufgelöst."[6]

Gescheitert ist der zentralistisch-administrative Sozialismus, der die Freiheit des Individuums entgegen den ursprünglichen sozialistischen Idealen ausschloß, die Persönlichkeitsentfaltung der Menschen fesselte, Innovationen in Wirtschaft, Politik, Technik, Wissenschaft und Kultur hemmte und überlebte Strukturen durch die Abschottung vom Weltmarkt konservierte. Gescheitert ist ein früher Versuch des Sozialismus, geprägt von Ausgangsbedingungen in Ländern, die weit von entwickelten bürgerlichen Verhältnissen entfernt waren und von vornherein kaum eine Chance hatten, auf ihrem Weg die progressiven Qualitäten der bürgerlichen Gesellschaften in positiver Weise aufzuheben: pluralistische Demokratie und Rechtsstaatlichkeit, marktwirtschaftliche Innovationsoffenheit und internationale Öffnung. Dadurch fiel die als realer Sozialismus bezeichnete Gesellschaft in vieler Hinsicht von vornherein hinter den geschichtlich schon erreichten Zivilisationsstand zurück, statt ihm - wie behauptet - um eine historische Stufe voraus zu sein.

Dieter Senghaas repräsentiert die Auffassung Vieler, daß gerade diejenigen Seiten der gesellschaftlichen Wirklichkeit in den Ländern des bisherigen zentralistischen Sozialismus gescheitert sind, die als Wesen des Sozialismus zu bestimmen seien, z.B. Planung, Kollektiveigentum, staatliches Außenhandelsmonopol und Ausgliederung aus der arbeitsteiligen Weltwirtschaft.[7] Aber existierte im zentralistischen Sozialismus Kollektiveigentum wirklich? In der Realität existierte eine Art

---

5 Jürgen Habermas, Die nachholende Revolution, Frankfurt/Main 1990, S. 180.
6 Dieter Senghaas, Frieden in einem Europa demokratischer Rechtsstaaten, in: Aus Politik und Zeitgeschichte. Beilage zur Wochenzeitung Das Parlament, B 4 - 5/90, 19. Jan. 1990, S. 32.
7 Dieter Senghaas, Europa 2000. Europäischer Friedensplan, Frankfurt/Main

von Staatseigentum, die dem Machtmonopol einer Partei untergeordnet war, jede nennenswerte Verfügung der Produzentenkollektive über dieses Eigentum völlig ausschloß und die in der Verfügung der Politbürokratie und ihres Apparates die Grundlage einer politischen Herrschaftsstruktur war, die sich von sozialistischen Werten schon nach kurzer historischer Entwicklung abkehrte.

Zu fragen ist, ob eine zentralistische Kommandowirtschaft wirklich mit Planung gleichgesetzt werden kann oder ob sie nicht letzten Endes in ihrer Unfähigkeit zur Steuerung hochkomplexer Zusammenhänge, abgekoppelt von Marktwirtschaftsmechanismen, als Gegensatz zu diesen praktiziert, willkürlich statt das vorausschauende Denken der ökonomischen und gesellschaftlichen Subjekte ausschöpfend, das genaue Gegenteil von planmäßiger Beherrschung des Reproduktionsprozesses bedeutete. Planung moderner Gesellschaften wurde in der Kommandowirtschaft nicht betrieben.

Gescheitert ist in der DDR ein System, das grundlegende Qualitäten des Sozialismus wie die Freiheit der Persönlichkeit, soziale Gerechtigkeit, breite Volksbeteiligung an Entscheidungsprozessen und vorausschauende soziale Beherrschung des wissenschaftlich-technischen Fortschritts nicht hatte und doch bestimmte sozialistische Tendenzen - z.B. eine gewisse soziale Sicherheit - in deformierter Weise aufwies.

Die bürgerliche Gesellschaft hat sich in den entwickelten Industriestaaten gerade im Lichte dieses weltgeschichtsverändernden Niedergangsprozesses als die einzig moderne, innovationsfähige und offene Gesellschaft der Gegenwart erwiesen. Der Weg zur Bewältigung der dramatisch aufgestauten ungelösten Probleme im Osten scheint der möglichst originalgetreue Nachvollzug dieser Gesellschaft in ihrer gegenwärtigen Beschaffenheit zu sein. Verbreitet ist die von Francis Fukuyama pointiert formulierte Ansicht, daß der Sieg des Liberalismus von einer Endgültigkeit sei, die einem alternativlosen Finale der Geschichte gleich-

1990, Kapitel 3.

46

komme.[8] Die Art und Weise des deutschen Vereinigungsprozesses steht exemplarisch für die Haltung, daß der im Westen glücklich erreichte Endzustand nur noch auf den Osten auszudehnen sei. Jedoch - der vermutete Sieg der westlichen Gesellschaft ist ein Etappensieg. In der Niederlage des zentralistischen Sozialismus, der nicht in vollem Maße der Antipol zur bürgerlichen Gesellschaft war, sondern deren Industrialismus - in allerdings gründlich mißlungener Weise - nachzuvollziehen versuchte, steckte zugleich die Warnung für die modernen Gesellschaften, daß endgültige Siege für den Fortschritt der Menschheit auf unverändertem eigenem Kurs nicht zu erwarten sind.

2. These: Es wäre verhängnisvoll, den Niedergang des zentralistisch-administrativen Sozialismus als Bestätigung dafür anzusehen, daß den modernen bürgerlichen Gesellschaften keine epochalen Wandlungen ihrer Werte, Regulationsmechanismen und Lebensweisen bevorstehen. Falsch wäre die Annahme, sie würden so, wie sie heute beschaffen sind, Überlebensfähigkeit oder gar das lebenswerte Zukunftsmodell für die ganze Menschheit verkörpern.

Eine der großen Chancen, die in der - allerdings noch nicht abgeschlossenen - Überwindung der Systemkonfrontation liegt, besteht darin, daß von dieser Feindschaft befreit in den bürgerlichen Gesellschaften die Verführung wegfallen kann, das Gegebene um jeden Preis als das Bessere festzuhalten. Besser sein reicht jetzt nicht mehr aus. Gut sein ist weit mehr.[9] Der Umbruch im Osten als Chance für einen anderen Umbruch im Westen!

Vor den modernen bürgerlichen Gesellschaften steht unter ungeheurem Zeitdruck die notwendige Abkehr von der Struktur einer Risikogesellschaft, steht der Übergang zu einer anderen Moderne, zu einer Zivilisation in globaler Verantwortung. Im Osten hat der Umbruch zu einer Moderne begonnen, die im Westen schon da ist; und die sichtbare Kluft zu dieser westlichen Moderne läßt die gewaltigen Schwierigkeiten

---

8   Francis Fukuyama, The end of history?, in: The Natural Interest, Nr. 16/1989, S. 3 ff.

dabei spektakulär und offen zutage treten. Im Westen steht ein Bruch innerhalb der Moderne auf der Tagesordnung.[10] Aber dort verdeckt der Erfolg der bisher schon erreichten Modernität im Vergleich zum Niedergang des zentralistischen Sozialismus ebenfalls spektakulär das Maß der ungelösten Probleme. Doch er ist der Erfolg einer Metropolen-Moderne zu Lasten ihrer selbst so hervorgebrachten Peripherie, zu Lasten der heutigen Natur und der künftigen noch ungeborenen Generationen, gedrittelt durch das Schicksal derer im sozialen Abseits, problembeladen durch die patriarchalischen Strukturen und keineswegs schon befreit von den Gefahren massenmörderischer Kriege.

Der entwickelten bürgerlichen Welt fällt es zu, gestützt auf ihre bereits errungenen, im Osten nicht ausgeprägten Qualitäten moderner Gesellschaften und befreit von der Verengung gesellschaftsstrategischen Denkens auf das Schema der Ost-West-Konfrontation zu einer neuen Entwicklungslogik der Menschheit überzugehen. Es geht um Umbrüche zu dauerhaftem Weltfrieden zwischen allen Völkern und mit der Natur, von der Unterentwicklung zu einer solidarischen Weltwirtschaft, von der Zwei-Drittelgesellschaft zu ganzheitlicher sozialer Demokratie, vom Patriarchat zu gleichberechtigten Geschlechterbeziehungen. Vierfache Ausbeutung ist aufzuheben: die der Natur, die des Menschen, die von Völkern, die der Frauen.

Die DDR ist in atemberaubenden Tempo dabei, Teil jener bürgerlicher Gesellschaft zu werden, der alle diese Brüche bevorstehen.

Ihr sind von allen Ländern des Ostens die größten Möglichkeiten geboten, ohne jeden Aufschub die Modernequalitäten der Bundesrepublik nachzuentwickeln. Doch dies ist eine janusköpfige Chance. Würde die DDR weiter nichts werden als Bestandteil einer Ordnung, die sich als grundsätzlich befriedigend geordnet ansieht, so wäre zwar eine Modernisierung zu erwarten, doch eine solche mit schweren Hypotheken auf die

---

9   Claus Offe, Kommunistischer Kapitalismus, in: Die Zeit, 8. Dez. 1989.
10 Ulrich Beck, Risikogesellschaft. Auf dem Weg in eine andere Moderne, Frankfurt/Main 1986, S. 13.

Zukunft. Dauerhaftes Glück für die Menschen wird sich nur unter der Voraussetzung erreichen lassen, daß die Gesellschaft, die die DDR in sich aufnimmt und einpaßt, sich selbst mitsamt der späten Neuankömmlinge in der Moderne epochal verändert.

3. These: Eine neue Entwicklungslogik der Menschheit ist unabdingbar für ihr Überleben und verlangt einen grundlegenden Wandel aller Gesellschaften. Die notwendige Fortschrittsrichtung muß auf die Lösung der globalen Menschheitsfragen und deshalb auf eine neuartige Balance zwischen Entwicklungen gerichtet sein, die eine Einheit bilden und sich zugleich widersprechen.

Das sind

- Lebensqualitäten in einer friedlichen, sozialen Kulturgesellschaft, die für den einzelnen rechtsstaatlich gesicherte Bedingungen freier, selbstbestimmter Persönlichkeitsentwicklung einschließen,
- hohe Leistungsanforderungen an den einzelnen in einer innivationsorientierten Leistungsgesellschaft,
- Dominanz ökologischer Erfordernisse gegenüber kurz- und mittelfristigen rein ökonomischen Rentabilitätskriterien,
- Solidarität mit anderen Völkern, zwischen den Geschlechtern und in der Gesamtheit zwischenmenschlicher Verhältnisse.

Eine solche Balance ist nur in einem langen Prozeß demokratischer Konsensausbildung, nur bei Paralysierung ökonomischer und politischer Machtmonopole, nur bei mehrheitlicher Akzeptanz neuer Werte, nur unter der Voraussetzung einer humanistischen politischen Kultur erreichbar, deren Umrisse gegenwärtig überall auf der Erde sichtbarer werden, die aber bisher keineswegs die internationale Alltagsrealität bestimmt.

Mancherorts keimt der Verdacht auf, daß solche Erwartung auf dem "Umweg" der Zuwendung zu den globalen Herausforderungen hinterrücks doch noch der gescheiterten Revolutionstheorie zur Geltung verhelfen soll. Ich ziehe mir diese Jacke nicht an. Eine andere Zivilisation in globaler Verantwortung wird in den modernen bürgerlichen Gesellschaften nur aus deren eigenem Evolutionspotential hervorgehen. Natürlich gehören die Kämpfe der sozialen Bewegungen, Bürgerinitiativen, Gewerkschaften und anderer Subjekte zu diesem Potential. Eine Kuriosität unserer gegenwärtigen geistigen Situation besteht darin, daß die glühendsten Befürworter der westlichen Moderne deren Geschichte für nahezu abgeschlossen erklären, während gerade die mißtrauisch behandelten "linken Intellektuellen" auf die Geschichtsoffenheit dieser Gesellschaft setzen.

Der reformreiche, lange Prozeß und Weg zu einer überlebensfähigen und -werten höheren Zivilisation trägt verschiedene Namen. Vertreter der lateinamerikanischen Befreiungstheologie und viele Christen auf der ganzen Welt nennen ihn das Reich Gottes auf Erden oder in Angesicht der langen Kämpfe um seine Realisierung den "Prozeß Gottes".[11] Viel Sozialdemokraten und demokratische Sozialisten nennen ihn "demokratischer Sozialismus". Sie müssen damit leben, daß die Erfahrungen mit dem nichtdemokratischen und daher an den ursprünglichen Werten des Sozialismus vorbeidiktierten, gescheiterten System dieses Ziel und den Weg dahin mit tiefgehenden emotionalen Wirkungen diskreditiert haben. Was Schumpeter 1942 über die Haltung breiter Mehrheiten zum Kapitalismus schrieb, gilt heute selbst für jene Schritte in Richtung demokratisch-sozialistischer Gesellschaftsformen, die sich von jeher in geschichtlicher Abgrenzung vom sogenannten realen Sozialismus verstanden: "Die öffentliche Meinung ist allgemach so gründlich über ihn verstimmt, daß die Verurteilung des Kapitalismus und aller seiner Werke eine ausgemachte Sache ist, - beinahe ein Erfordernis der Etikette der Diskussion. ... ein jeder beeilt sich, sich diesem Kodex anzupassen und seine kritische Einstellung zu betonen ... Jede andere Haltung gilt nicht nur als verrückt, sondern als antisozial und wird als Zeichen unmoralischer Unfreiheit angesehen. Das ist selbstverständlich durchaus natürlich."[12] Die Umstände und die Haltungen haben sich gewandelt. Ein Schalk, wer daraus schließt, daß solch Wandel abermals

---

11 Vgl. Leonardo Boff, Jesus Christus, der Befreier. Freiburg/Basel/Wien 1986, S. 45/46.
12 Joseph A. Schumpeter, Kapitalismus, Sozialismus und Demokratie, Tübingen, 6.

stattfinden könnte.

4. These: Europa steht vor vier miteinander vernetzten historischen Herausforderungen:

- Im Osten geht es nicht allein um nachholende Umwälzungen, sondern um eine doppelte Modernisierung: die nachholende einfache als Bestandteil einer bisher unbekannten zivilisationsbewahrenden doppelten Modernisierung.
- Dem Westen ist der Übergang zu einer neuen Qualität der Moderne und seinen Verantwortungsträgern geschichtliche Größe abverlangt: Der eigene Wandel muß ein Höchstmaß von Mitverantwortung für doppelte Modernisierung im Osten einschließen.
- Die Neuordnung des Ost-West-Verhältnisses wird ohne Zukunft sein, wenn Europa nicht gerade in der Zeit der Abforderung aller Kräfte für den konstruktiven Umgang mit den offen ausbrechenden, ungelösten Konflikten des Ostens seine Kräfte so einteilt, daß als die zentrale soziale Frage zu Ende des 20. und zu Beginn des 21. Jahrhunderts der Nord-Süd-Konflikt und der Konflikt mit den noch ungeborenen Generationen, denen wir das "Umwelt-Kapital" rauben, erkannt und zu Lösungen geführt wird.
- Westeuropa fallen die entscheidenden Impulse dafür zu, für solche Aufbrüche auch die Vereinigten Staaten und Japan zu gewinnen. Die Haltung der USA und Japans auf dem letzten Gipfel der Sieben zur wirtschaftlichen Unterstützung der UdSSR hat exemplarisch gezeigt, daß von ihnen der notwendige globale Neuaufbruch nicht vorrangig ausgehen wird.

Eine Quadriga des Wandels steht vor Europa.

5. These: Westeuropa ist unter den Zentren der westlichen Welt dasjenige, das die größte reale Chance und damit die Hauptverantwortung hat, zuerst den Zugang zu einer höheren, an der Lösung der Globalprobleme orientierten modernen Zivilisation zu gewinnen.

Aufl. 1987, S. 107.

In der Renaissance mit ihren Riesen an aufklärerischer geistiger Potenz und künstlerischer Gestaltungskraft rückte Europa mit dem aufsteigenden Bürgertum für Jahrhunderte in das Zentrum zivilisatorischer Entwicklung. Die Dialektik dieser Zivilisation gebar aufklärerischen Humanismus und menschenvernichtende Herrschaftssysteme. Als von einem imperialen Europa der kapitalistische Kolonialismus und zwei Weltkriege ausgingen, als Europa den Faschismus hervorbrachte und das historische Experiment des Sozialismus in der Sowjetunion in Gestalt des Stalinismus menschenfeindliche Züge annahm, wurde diese Rolle von antizivilisatorischen Prozessen verdunkelt. Seine Stellung in der Welt verblaßte, als die USA zur ersten westlichen Weltmacht aufstiegen und als Japan in den hochtechnologischen Konkurrenzschlachten begann, den Westeuropäern auf vielen Gebieten den Rang abzulaufen. Aus unterschiedlichen historischen Gründen werden diese beiden Zentren wahrscheinlich nicht die Führung bei der Umkehr von der Risikogesellschaft zu einer höheren Stufe globaler Zivilisation übernehmen.

Westeuropa wird geschichtlich bedingt zum Epizentrum einer Evolution in globaler Verantwortung. Nicht, indem es sich selbst als Weltmodell stilisiert, sondern um die unterschiedlichsten nationalen Identitäten in globale Lösungen einzubetten. Es könnte zur nicht-westeurozentrischen Stätte einer Re-Renaissance der Vernunft werden - einer neuen ökologischen, sinnlich-rationalen, kommunikativ-kooperativen Vernunft.

Voraussetzungen dafür sind gegeben: Mit besonderer Intensität und erheblichem Einfluß auf die Programmatik traditioneller Parteien wirken neue demokratische Bewegungen. In der Arbeiterbewegung und in den Gewerkschaften ist die Suche nach einem konstruktiven Umgang mit den Zusammenhängen zwischen globalen Prozessen und lebensweltlichem Alltag im Gange, in dem wachsende Gefahren zu blinden Passagieren des Normalkonsums werden.[13] Europa hat aus den bitteren Erfahrungen von Faschismus und Stalinismus unmittelbar lernen können. Europa kann aus großen demokratischen Traditionen schöpfen. In Westeuropa könnte ein neuer Integrationsschub mit einer erneuerten Inhaltsbestimmung des KSZE-Prozesses, mit seiner Institutionalisierung, mit seiner Einstellung auf ein neues kollektives Sicherheitssystem zusammenfallen, das nicht auf neue, entfeindete militärische Sicherheitsstrukturen beschränkt sein kann, sondern zugleich gemeinsame ökonomische, politische, soziale, ökologische Anstrengungen einschließen muß.

Ist die Vereinigung der beiden deutschen Staaten ein Modell für den Umgang mit der benannten Quadriga europäischer Herausforderung, für den Weg von West nach Ost in ein neues Europa?

6. These: Für den gegenwärtigen Weg der DDR ist charakteristisch, daß ihre Bürger schneller und anders als in jedem anderen Land zum Nachvollzug der Modernität des Westens (der Bundesrepublik) gebracht werden. Dies ist eine Chance und ist historischer Fortschritt im Vergleich zu ihrer jüngsten Vergangenheit. Der Preis ist die Aufgabe der Eigenstaatlichkeit. Doch das Verschwinden eines Staates kann kein Modell für den Umgang mit anderen Ländern Osteuropas beim Übergang zu pluralistischer, rechtsstaatlicher Demokratie und sozialer Marktwirtschaft sein.

Die DDR wird in so kurzer Zeit ein Teil der Bundesrepublik sein, daß die Mehrheit ihrer Bevölkerung sich erst in diesem Status den Herausforderungen einer anderen Moderne stellen wird. Das trifft für kein anderes Land zu. Alle anderen müssen souverän - wenn auch auf ein Höchstmaß an Unterstützung durch den Westen angewiesen - über die eigene Weise der Verknüpfung beider notwendiger Modernisierungsebenen entscheiden. Nirgendwo sonst werden z.B. die rechtsstaatlichen Grundlagen durch die genaue Übernahme der Gesetze eines anderen Landes geschaffen werden.

---

13 Ulrich Beck, a.a.O., S. 10.

7. These: Nicht als Ausdruck von kassandrischer Mies- und Panikmacherei ist auf die Bedenklichkeit der Art und Weise zu verweisen, in der das Leben der DDR-Bürger - als Nachwirkung zentralistischer Herrschaft und Kommandowirtschaft zunächst auf entschieden minderer Stufe - in die Paßform der Bundesrepublik hineinbefördert wird, von großen Teilen der Bevölkerung selbst dringlich verlangt und betrieben. Zu problematisieren ist dieser Weg aus anderem Grunde. Die Nachbarn des vereinigten Deutschland haben dessen ausgeprägt zentrale ökonomische und politische Stellung in Europa zu erwarten. Sie haben in unserem Jahrhundert erfahren, wie schnell die nationale Identität der Deutschen in gefährlichen Nationalismus gegen andere Völker umschlug. Jürgen Habermas teilt die Einschätzung von Lepsius, daß die Bürger der Bundesrepublik mit deren Entwicklung allmählich ein nichtnationalistisches, nicht mehr vorwiegend auf interessierte Bindung an Wirtschaftsmacht gegründetes demokratisches Selbstverständnis gewonnen hatten.[14] Wie werden sie aber die künftig viel dominierendere Stellung Deutschlands vertragen, wie den Umstand, daß von Deutschlands Politik und Unterstützung stark abhängen wird, ob das Aufbrechen der aufgestauten inneren Konflikte in Osteuropa eskalieren wird oder zu demokratischen Lösungen geführt werden kann? Wie wird ihnen das mediengestützte Gefühl bekommen, den Schwestern und Brüdern im Osten als die Tüchtigeren entgegenzutreten, nach deren Vorstellungen nun im Osten Deutschlands zu verfahren ist? Und wie soll sich dort eine auf demokratischem Bürger-Selbstbewußtsein beruhende Identität herausbilden, wo sich die unerhörte geschichtliche Umwälzung des Übergangs von einem als untauglich erwiesenen Gesellschaftssystem zur Moderne der Gegenwart vollzieht, ohne daß das betroffene Volk die Möglichkeit hat, diesen Prozeß mit Sachverstand selbst mitzugestalten? Wird es nicht den Demokratisierungsprozeß im Inneren und damit auch demokratisches Verhalten zu anderen Völkern belasten, daß die DDR ohne eigene Verfassungsvorstellungen und unter Verzicht auf den Wert der öffentlichen Verständigung über unverzichtbare Verfassungsinhalte in die deutsche Einheit geht?

---

14 Jürgen Habermas, Nochmals: Zur Identität der Deutschen. Ein einig Volk von aufgebrachten Wirtschaftsbürgern?, in: Die nachholende Revolution, Frankfurt/Main 1990, S. 209, 215.

Die Gefahr besteht, daß die von DDR-Bürgern zu Deutschen Konvertie-
renden sich statt dessen in einem wilden Gemisch von Hoffnungen und
Ängsten um individuelles Behaupten und Überleben von den noch Är-
meren im Osten mehr deutsch zentriert als westeuropäisch abgrenzen,
ganz und gar nicht mit dem Bewußtsein von Verantwortung für ein
neues ganzes Europa. Ist der von Habermas gefürchtete DM-Nationa-
lismus nicht tatsächlich eine Versuchung für die verschiedenen Deutschen, die verschwindende Blocklogik abgewandelt und unbemerkt in
ihre Massenpsyche aufzunehmen? Es wäre ein gefährlicher Vorgang,
würden die an die Hegemonie einer Partei Gewöhnten in ihrer Abgrenzung von dieser Vorherrschaft ihre Verhaltensweisen nun auf die Hegemonie der D-Mark und damit auf deutsche Hegemonie per Wirtschaftsmacht einstellen.

Dies alles muß festgestellt werden, nicht aus Gründen der Rechthaberei
linker Intellektueller, sondern um darauf aufmerksam zu machen, daß
der praktizierte Weg in die deutsche Einheit Probleme einschließt, die
erkannt werden müssen, damit der bisherige Stil dieses Weges schnelle
und tiefgreifende Lernprozesse aller Beteiligten auslöst.

8. These: Würde sich die Gesamtheit der bisher zentralistisch-sozialisti-
schen Länder auf den Weg des Nachvollzugs westlicher Gegenwart be-
schränken, so wäre dies eine Art von gewaltigem Fortschritt, die gleichbedeutend mit der Verschärfung der globalen Probleme und eine geschichtliche Sackgasse wäre:

- Der Weg des bloßen Nachholens wird in den meisten Ländern nicht
  möglich sein. Die Völker des Ostens können nicht jahrzehntelang
  einen Weg beschreiten, der der Menschheit in kürzester Zeit verlassen werden muß, da dort weder für die SU noch für China langfristige Lösungen, sondern nur verschiedene Nicht-Lösungen möglich
  sind.
- Die avancierten Industrieländer haben ihren Aufstieg in beachtlichem
  Maße auf dem Rücken der abhängigen Länder vollzogen. Ein Weg
  der Zweiten Welt in eine Moderne, die die Mehrheit der Länder der
  Dritten Welt weiter der Reproduktion von Unterentwicklung über-

ließe und zu deren Lasten verliefe, wäre gleichbedeutend mit der weiteren Aufhäufung eines unübersehbaren Konfliktpotentials.

- Eine nur nachholende, auf eine - in praxis ohnehin nicht erreichbare - Kopie des Westens angelegte Umwälzung im Osten würde auf "positionelle" Grenzen stoßen.[15] Wenn mehr als nur eine Minderheit von Ländern die Volkswirtschaftsstruktur, den Akkumulationstyp und die Lebensweise der entwickeltsten Länder erreichen wollte, würden die ökologischen Kreisläufe völlig zusammenbrechen. Die Welt geriete aus den Fugen.

In einer Zeit, in der antizipatorisch regulierte zivilisatorische Modernisierung unabdingbar wird, würde eine nur nachholende Modernisierung - besonders eine langsame, weil unzureichend unterstützte - große Gefahren heraufbeschwören.

9. These: Die akute Gefahr besteht darin, daß der Ost-West-Konflikt zwar als Systemkonflikt zwischen Sozialismus und Kapitalismus verschwindet, der bisherigen ideologischen Struktur entkleidet und womöglich auch weitgehend entmilitarisiert wird, daß jedoch in Ost- und Südosteuropa ein außerordentlich gefährliches Konfliktpotential neu entsteht und dadurch der Ost-West-Konflikt in anderer Weise reproduziert wird. Nachwirkende wirtschaftliche Stagnation, das Fehlen politischer Kultur im Umgang mit den neu gewonnenen demokratischen Freiheiten und das vielfache Aufbrechen eines unheilvollen Nationalismus könnten sich zu einem gefährlichen Gemisch aufladen. Dies würde die Lösung der globalen Probleme außerordentlich belasten.

10. These: Die Gretchenfrage bei der Erörterung einer Kombination von evolutionärem zivilisatorischen Umbau des Westens mit doppelter Modernisierung im Osten lautet: Welche Bedingungen können in West und Ost, in Nord und Süd den notwendigen Umbruch zu einer Zivilisation in globaler Verantwortung bewirken? Das Problem ist, daß die von der noch andauernden alten Entwicklungslogik am meisten unmittelbar Be-

---

15 Fred Hirsch, Die sozialen Grenzen des Wachstums - eine ökonomische Analyse der Wachstumskrise, Reinbek 1980, S. 52; Elmar Altvater, Sachzwang Weltmarkt, Hamburg 1987, S. 37 f.

lasteten (die Bevölkerungsmehrheit in den Entwicklungsländern, die Arbeitslosen und sozial Benachteiligten in den reichen Ländern) am wenigsten handlungsfähig sind und daß die besonders aktionsfähigen Gesellschaftskräfte in den Industriestaaten am wenigsten unmittelbar betroffen sind. Die Hypothese zu einer möglichen Lösung dieses Dilemmas ist: Gewinnung sozialer Schubkraft für eine neue zivilisatorische Stufe der Menschheitsgeschichte durch bewußten Umgang mit drei neuen Grundphänomenen der Gegenwart:

- Die Existenzbedrohung jeder/jedes Angehörigen der Gattung Mensch oder zumindest der Kinder und Kindeskinder ist eine geschichtlich völlig neue Bedingung menschlichen Handelns, die elementare Überlebensinteressen zu mobilisieren erlaubt und zwingt. Die tödliche Gefahr wird zur letzten Möglichkeit der Rettung.

- Die erdumspannende Information und Kommunikation rückt den scheinbar noch nicht unmittelbar Betroffenen die Betroffenheit der anderen nahe und ermöglicht ihnen Handlungsnotwendigkeiten (gerade noch) vorausschauend an breite Öffentlichkeiten so heranzutragen, daß die Bedrohungen für alle erfaßbar werden, die in den entwickelten Ländern die größten Potenzen für die Einleitung radikaler globaler Umkehr besitzen.

- Ein Boden dafür ist da: die neuen sozialen Bewegungen parallel zu jedem der globalen Probleme und quer zu ihnen, das Umdenken in den traditionellen, sich jedoch ebenfalls neu orientierenden Kräften wie in der Arbeiterbewegung. Nicht zuletzt sind neue Verwertungsbedingungen für das Kapital entstanden, das auf lange Sicht durch sträflichen Umgang mit der Natur, durch die Kumulation sozialer Konfliktstoffe in den Entwicklungsländern, durch Hochrüstung und inneren sozialen Unfrieden in Konflikt mit den Anforderungen eines neuen postfordistischen Produktivkrafttyps an den produktiven Umgang mit menschlicher Individualität und mit der Natur gerät.

11. These: Eine doppelte Modernisierung im Osten ist unter zwei Hauptvoraussetzungen möglich:

- Die betroffenen Länder müssen mit der äußersten Entschlossenheit die nachholende Modernisierung selbst vollziehen, um sie mit weitrei-

chenden Prozessen verbinden zu können. Das bedeutet Rechtsstaatlichkeit, politischer Pluralismus, Transparenz durch Öffentlichkeit, marktwirtschaftlich basierte Innovationsoffenheit, kulturelle Vielfalt, Internationalisierung.

- Die OECD-Länder sind gefordert, getragen von politischem Atem geschichtlicher Verantwortung an einem historischen Wendepunkt kurzfristig ein groß angelegtes ökonomisches Hilfsprogramm für den
Osten mit Blick auf die Formierung gemeinsamer Anstrengungen zur
Durchbrechung der Unterentwicklung im Süden einzuleiten. Ein weit
entschlossenerer Abbau der Rüstungsausgaben als in den jüngsten
Abrüstungsverhandlungen in Sicht kann für ein globales Modernisie-
rungs- und Umbauprogramm erhebliche Mittel freimachen. Die USA
wendeten zwischen 1948 und 1951 jährlich 16 Milliarden Dollar oder
ein Prozent ihres BSP für den Marshallplan auf. Heute wären 16 Mrd.
Dollar 0,1 Prozent des BSP der Europäischen Gemeinschaften, der
USA und Japans. Würden sie die auf einem viel niedrigeren Entwick-
lungsniveau als heute möglich gewesene Belastungsquote der USA zur
Zeit des Marshallplans auf sich nehmen, so wären dies jährlich 160
Mrd. Dollar.[16] Kein Zweifel, daß dies aufzubringen wäre.

12. These: Die Chancen doppelter Modernisierung im Osten scheinen
gleichwohl gering, steht ein zivilisatorischer Wandel doch schon im entwickelten Westen auf des Messers Schneide. Doch sie müssen um so
mehr gesucht und genutzt werden.

- Bietet nicht das zurückgebliebene Niveau der Bedürfnisbefriedigung
in vielen bisher zentralistisch verwalteten Ländern die Chance, dieses
Niveau bedeutend anzuheben und doch zugunsten des ökologischen
Gleichgewichts sowie der Solidarität mit Schwächeren im eigenen
Land und mit anderen Völkern einen hypertrophierten Konsumismus
gar nicht erst anzustreben - unter der Bedingung, daß eine neuartige
Balance von Werten nach dem Kriterium globaler Überlebens- und
Zukunftsfähigkeit auch in den entwickelten Umbau sichtbar durchge-
setzt wird?
- Nichtökonomistische Werte müßten in der Zivilisation der Zukunft in

16 Vgl. Marion Gräfin Dönhoff, Helmut Schmidt, Der Osten braucht unsere Solidarität, in: Die Zeit, Nr. 22 vom 25. Mai 1990.

so starkem Maße von sozialen Kräften zur Geltung gebracht werden, daß sie komplementär und zugleich limitierend gegenüber der rein ökonomischen Gewinnorientierung wirken können. Die Unfähigkeit der Kommandowirtschaft zu ökonomischer Effizienz war eine entscheidende Ursache ihres Scheiterns. Aber sollte vielleicht die Angst vieler DDR-Bürger vor den Risiken der Marktwirtschaft nicht allein als die Furcht der Unerprobten, der Selbstentscheidung Entwöhnten, sondern auch als die Sicht derer gewertet werden, die nicht mit der Blindheit der Fixierung auf reine Effizienz geschlagen sind? Zeigt sich nicht in den Beklemmungen vor der Marktwirtschaft außer der Risikoscheu auch eine Affinität zu anderen als allein ökonomistischen Werten, die bestimmte psychische Voraussetzungen für eine neue Balance von Leistungsorientierung und einer anderen Art sozialer Sicherheit als der wirtschaftlichen Abfederung von Unsicherheit in sich birgt?

- Wenn der Marktmechanismus nach seinen eigenen Ordnungsprinzipien nicht durch Vermachtung gelähmt werden soll: Könnte dann die Befreiung von dem lähmenden Machtmonopol einer Partei nicht so verarbeitet werden, daß die Tendenz zu neuer Monopolmacht in Wirtschaft und Medien angesichts der deprimierenden Erfahrungen mit monopolisierter Macht durch starke relativierende Gegenmechanismen gekreuzt wird?
- Müßten nicht nach der frischen Erfahrung, daß es Minderheiten waren, die den Sturz der Macht des zentralistischen Sozialismus vorbereiteten und die überall in der Welt für neue zivilisatorische Wege zur Lösung der Globalprobleme eintreten, die politischen und die Kommunikationsstrukturen über das in den traditionellen Parteien-Demokratien gewohnte Maß hinaus und jenseits des kommerziell Üblichen für die kritischen wissenschaftlichen und künstlerischen Expertenkulturen sowie überhaupt für das Vorwarnpotential von Minoritäten geöffnet werden?
- Ist nicht der Umstand, daß Volksrevolutionen stattfanden und in weiteren vom zentralistischen Sozialismus geprägten Ländern stattfinden werden, die kaum noch für möglich gehalten wurden, ein einmalig günstiger, gerade im Osten bereiteter Boden, um der demokratischen Öffentlichkeit ein ganz neues Gewicht in den Demokratien des 21.

Jahrhunderts zu geben?

Ich gestatte mir eine persönliche Nachbemerkung zu den vorgetragenen Thesen, die eigentlich Hypothesen sind - durch meine Erfahrungen der letzten Jahre und besonders seit dem Oktober 1989 gründlich entfernt von Neigungen, sich an dem Anspruch auf Wahrheitsmonopole zu orientieren. Die sich bisher als Marxisten-Leninisten verstanden, stehen vor Aufräumungsarbeiten in den eigenen Köpfen wie nach einem Bombenhagel. Unbeschädigte Denkgebäude werden sich in dem Schutt nicht mehr finden. Notwendig ist, sich schonungsloser Konfrontation axiomatisch gedachter Theorien mit den praktischen Erfahrungen zu stellen. Nacharbeit der jahrzehntelangen Auseinandersetzung westlicher Marxisten und Nichtmarxisten mit Marx, Engels und anderen in ihrer Tradition ist zu leisten, Wiederaufnahme des theoretischen Denkens aller Strömungen in der Arbeiterbewegung und Offenheit für das gesamte breite Spektrum theoretischer Zugänge zur geistigen Auseinandersetzung mit den modernen und mit den vormodernen Gesellschaften. Auch wer lange vor dem Herbst 1989 im Rahmen der Strukturen des zentralistischen Sozialismus um kritisches wissenschaftliches Denken bemüht war, muß sich gleichwohl fragen, wo die eigenen Inkonsequenzen lagen. Gemeinsame Veranstaltungsreihen wie die Ringvorlesung "Die andere deutsche Republik - der Umbruch in der DDR, seine Ursachen und seine Folgen" halte ich für ein hilfreiches Unterfangen auf solchem Wege.

Wilhelm Bleek

Der Umbruch in der DDR und wir in der Bundesrepublik

I.

Der Umbruch in der DDR seit dem vergangenen Herbst, von dem ich meine, daß auf ihn der sozialwissenschaftliche Begriff der Revolution zutrifft, hat uns in der Bundesrepublik völlig überrascht. Zwar gibt es heute Neunmalkluge, sowohl in der Forschung und der Publizistik als auch in der Politik, die meinen, sie hätten den Zusammenbruch des realsozialistischen Herrschaftssystems der SED vorausgesagt. Doch belegen können sie solche Behauptungen nicht. Lediglich von Herbert Wehner ist der Satz überliefert ... Doch das sagte er 1958. ... Wie man weiß, hat sich Herbert Wehner als Mitarchitekt der neuen Deutschlandpolitik, die von der sozialliberalen Bundesregierung 1969 eingeleitet wurde, auf eine längerdauernde Stabilität der DDR als eines eigenständigen Staates und auf die Kontinuität der Herrschaft der SED eingestellt. Außenpolitisch, gesellschaftlich und ökonomisch bedingten Wandlungsdruck auf die DDR und SED haben wir im Westen in den letzten Jahren durchaus konstatiert, doch den Zusammenbruch der Diktatur der Einheitspartei und den folgenden Kollaps des von ihr beherrschten Staates und seiner Wirtschaft eigentlich nicht für möglich gehalten.

Seit dem Spätsommer 1989 gibt es in Deutschland eine Rollenverteilung, die uns in der Bundesrepublik fremd und befremdlich ist. Nicht mehr sind wir in der Bundesrepublik die Akteure und Subjekte der Entwicklung, sondern die Deutschen in der DDR sind es. Von ihnen ging der Ruf zunächst nach fundamentaler Demokratisierung ihres autoritären und diktatorischen Staates und dann nach Herstellung der Einheit Deutschlands aus. Bis dahin war man es gewohnt, daß die Bundesrepublik und ihre Bürger die Entscheidungen und das Tempo vorgaben und die DDR und ihre Deutschen reagierten und zuschauten, meist über den Fernsehkanal. Jetzt wurden wir zu Zuschauern der dramatischen, sich überschlagenden Veränderungen in der DDR, deren Fernsehspannung manchen Krimi in den Schatten stellte.

Wie reagierten die Bundesdeutschen auf die Veränderung in der DDR? Das ist das Thema meines heutigen Vortrags. Es geht also nicht um Details und Gesamttendenz der zunächst demokratischen und dann nationalen Revolution in der DDR, sondern um unser, das bundesrepublikanische Bild von dem Umbruch zwischen Elbe und Oder. Dabei ist vor allem die Verklammerung zwischen dem bundesdeutschen Bild der DDR und dem bundesrepublikanischen Selbstverständnis, oder im sozialwissenschaftlichen Jargon formuliert, das Wechselverhältnis von Heterostereotype und Autostereotype von Interesse.

Das ist kein Thema, dessen zeitliche Behandlung erst im vergangenen Herbst einsetzt. Für die politische Verfassung des anderen deutschen Staates mag die Vorstellung noch durchgehen, daß die demokratische Revolution in der DDR nicht nur einen Neuanfang, sondern auch eine "Stunde Null" bewirkt habe, auch wenn ich das für eine Illusion halte, die noch langfristige Verwerfungen erzeugen wird. Doch Einstellungen zu und Wahrnehmungen von politischen Veränderungen gehen nicht von diesen selbst aus, sondern sind historisch vorgeprägt. Die Frage nach den Folgen des Umbruchs in der DDR hat daher vom Blick in die Vergangenheit auszugehen, von der Bedeutung und den Inhalten des bundesdeutschen DDR-Bildes. Erst vor dem Hintergrund des in vierzig Jahren separatstaatlicher Existenz geprägten DDR-Bildes der Bundesrepublik werden die Reaktionen der Bundesbürger auf den Umbruch in der

DDR, wie sie sich in der Gegenwart in Meinungsumfragen und publizistischen Stellungnahmen dingfest machen lassen, verständlich und erklärbar. An diesen Versuch, die Gegenwart aus der Vergangenheit der bundesdeutschen Perzeptionen und Reaktionen heraus zu erklären, können dann auch Mutmaßungen über die Zukunft der bundesdeutschen Einstellungen zu den Deutschen in der DDR und möglicherweise Ratschläge für deren Entwicklung angeknüpft werden. Den folgenden gerafften und thesenhaften Überlegungen zum Thema des bundesdeutschen DDR-Bildes liegt also durchgängig der Dreischritt Vergangenheit - Gegenwart - Zukunft zugrunde.

II.

Im Spätsommer und Herbst 1949 wurden Bundesrepublik Deutschland und Deutsche Demokratische Republik konstituiert und war damit die deutsche Teilung auch staatlich besiegelt. Doch wurde der jeweils andere deutsche Staat nicht existieren, die Regierenden in Bundesrepublik und DDR hätten ihn erfunden. Bundesrepublik Deutschland und DDR waren von Anfang an aufs Engste in ihrem gegensätzlichen Selbstverständnis miteinander verklammert und brauchten einander. Sie verstanden sich als ideologische, politische und ökonomische Vorposten der antagonistischen Weltlager des Kalten Krieges und definierten sich durch ihren Systemkontrast. Zwischen ihnen herrschte mit der Begrifflichkeit Carl Schmitts ein Freund-Fein-Verhältnis, oder, im etwas neutraleren sozialwissenschaftlichen Jargon der Gegenwart eine Identität durch Gegenidentität. Die beiden deutschen Staaten konstituierten und legitimierten sich nicht aus sich selbst heraus, sondern durch den Gegensatz zum anderen deutschen Staat, genauer gesagt, zu dem Bild, das man sich von diesem machte.

Für diese Funktion der DDR als Gegenidentität zur Bundesrepublik - auch das umgekehrte traf zu, ist aber nicht unser heutiges Thema - gibt es zahlreiche Belege. Das fängt schon an mit den Regierungserklärungen der Bundeskanzler, in denen von Adenauer im Jahr 1949 bis zu Kiesinger im Jahre 1966 immer wieder das politische Regime der "Machthaber in der Zone" angeprangert wurde, um damit die Verhältnisse in der Bundesrepublik in ein umso strahlenderes freiheitliches Licht zu tauchen. Es setzt sich fort über die Inhalte der politischen Bildung zum Beispiel in Schulbüchern, in denen die hehre demokratische Norm der Bundesrepublik der abschreckenden totalitären Realität der DDR gegenübergestellt wurde. Die DDR als pauschales, politisch rotes und metaphorisch schwarzes Gegenbild zur politischen pluralistisch vielfarbigen und metaphorisch weißen Bundesrepublik war ein Kontrastmuster, daß in der Bundesrepublik von weitesten Kreise der Bevölkerung in den fünfziger und Anfang der sechziger Jahre geteilt wurde.

Was war die Funktion dieses Gegenbildes der DDR zur Bundesrepublik? Nur zum geringeren Teil ging es dabei um die Nichtanerkennung der DDR und das damit verbundene Offenhalten der deutschen Frage. Im Vordergrund stand vielmehr die Legitimierung, die Rechtfertigung der freiheitlich-demokratischen Verhältnisse in der Bundesrepublik durch den Kontrast mit den unfreiheitlich-diktatorischen Bedingungen in der DDR. Der Heidelberger M. Reiner Lepsius hat das auf den anschaulichen Begriff der "negativen Vergleichsgesellschaft" gebracht, die die DDR für die Bundesrepublik sei.

Der Bezug auf die DDR hatte aber nicht bloß solche allgemeinen, affirmativen und stabilisierenden Funktionen für das politische System der Bundesrepublik. Er diente darüber hinaus in vielen politischen und gesellschaftlichen Detaildiskussionen und -entscheidungen, genauer gesagt, als Argumentationsverbot. So wurde mit dem Hinweis auf ähnliche Bestrebungen im kommunistischen Deutschland im Parlamentarischen Rat die Reform des Öffentlichen Dienstrechts abgeblockt oder unternahm man es in den sechziger Jahren, Gesamtschulinitiativen in der Bundesrepublik als Kopien der realsozialistischen Einheitsschule in der DDR zu diffamieren.

Ganz allgemein schränkte die Existenz der DDR als eines zweiten, kommunistischen Deutschlands das Spektrum legaler und legitimer politischer Betätigung in der Bundesrepublik und verschob seinen Mittelpunkt nach rechts hin. So hat die reale Existenz des Sozialismus in der DDR nicht nur die Kommunisten außerhalb des politischen Systems gestellt, sondern auch wesentlich zur Abkehr der SPD von ihren marxistischen Ausgangspositionen beigetragen.

Was bedeuten vor diesem historischen Hintergrund die revolutionäre Überwindung der Herrschaft der SED in der DDR und das absehbare Ende des zweiten deutschen Staates? Damit fällt das naheliegende Objekt eines Feindbildes in der Bundesrepublik weg und die Alternative lautet, entweder Ersatzfeindbilder zu suchen oder auf Gegenbilder als Krücke der Eigenidentität und -legitimität zu verzichten. Neue Feindbilder in Gestalt von ganzen Staaten und Herrschaftssystemen bieten sich kaum an. scheint doch das kommunistische System im kleinen Albanien auf der Kippe uns liegt China so weit entfernt von Europa, daß es sich höchstens als Objekt de Mitleidsgefühle der unterdrückten Bevölkerung, nicht als Gegenstand intensiver politischer Abschau gegen seine Potentaten eignet. Vieles spricht dafür, daß auch weiterhin die alte DDR, ihr realsozialistisches Herrschaftssystem und seine vergangenen Träger, aber auch die PDS als Nachfolgepartei der SED das Objekt pauschaler Verurteilung sein werden. Dabei ist schon abzusehen, daß die Deutschen in West und Ost die in vierzig Jahren gewordenen politische, ökonomische und gesellschaftliche Realität zwischen Elbe und Oder auf eindimensionale Formeln wie die "Diktatur Honeckers", das "Stasi-Regime" oder die "korrupte Planwirtschaft" reduzieren und damit der Komplexität der Wirklichkeit zumindest in den Jahren nach 1961 nicht gerecht werden. Im Zuge der Entlarvung von Stasi-Informanten und -Kontakten wird man nicht nur in der DDR dem Mitläufer des vergangenen Systems an den Kragen gehen, sondern auch jene Kräfte in der Bundesrepublik denunzieren, die sich auf Diskussionen mit der SED und ihren Funktionsträgern zum Beispiel bei der Erstellung des Dialogpapiers von SPD und SED eingelassen haben. Nach der Entnazifizierung ist nun in Deutschland die Entstalinisierung, sondern für viel in Ost und West auch die nicht nur ökonomische, sondern auch programmatische und personalpolitische Entsozialisierung angesagt.

Diese Tendenzen, das bewährte Gegenbild als Orientierungshilfe in der politischen Auseinandersetzung zu bewahren und zu verlängern, sollte man aber auch nicht überschätzen. Die Mehrheit der bundesdeutschen Bevölkerung scheint gelernt zu haben, daß mit dem Kalten Krieg der Weltmächte auch das Bedürfnis nach klaren Feindbildern verschwunden ist. Die Wählerschaft scheint mir ein besseres Verständnis für die Legitimität und Vereinbarkeit von unterschiedlichen und selbst konträren Positionen zu haben, als ihr die verantwortlichen Politiker zumal in Wahlkämpfen konzidieren wollen.

III.

Eine eher unpolitische, alltägliche Dimension der DDR als einer negativen Vergleichsgesellschaft für die Bundesbürger wird aber fortbestehen und nachwirken. Während der über vier Jahrzehnte politischer und wirtschaftlicher Teilung Deutschlands spielte der Blick der Bundesbürger auf die Verhältnisse im anderen deutschen Staat eine wichtige Rolle nicht nur für die politische Legitimierung, sondern auch für das allgemeine Lebensgefühl in der Bundesrepublik. Er vermittelte uns das Gefühl, nach der Katastrophe von 1945 das bessere Los gezogen zu haben. Irene Böhme hat das auf die schöne Formel gebracht vom "Gefühl des Glück(s), von jenem Unglück verschont geblieben zu sein", und Antonia Grunenberg sieht zurecht die "Westdeutschen einen Teil ihrer Lebenszufriedenheit draus ziehen, daß es den Ostdeutschen noch lange Jahre schlechter als ihnen geht".

Diese für das Selbstverständnis in der Bundesrepublik bedeutsame Wahrnehmung eines West-Ost-Gefälles im materiellen und immateriellen Lebensstandard hatte bei den Bundesbürgern zwei sehr zwiespältige Reaktion zur Folge. Auf der einen Seite plagte die saturierten Deutschen in der Bundesrepublik ein Schuldgefühl gegenüber den armen "Brüdern und Schwestern" im anderen Teil Deutschlands, ahnte man doch, daß es oft die Zufälle der Familiengeschichte in den turbulenten Kriegs- und Nachkriegsjahren gewesen waren, die einen zum Bürger der Bundesrepublik oder der DDR gemacht hatten. Aus diesem Schuldgefühl heraus verlangte man Verwandte, Freunde und Bekannte in der "Zone" mit Paketen und Päckchen und lud sie herzlich zu Besuchen ein, die leider durch das DDR-Regime kaum erlaubt wurden. Auf der anderen Seite war und ist die Mehrheit der Bundesbürger aber überzeugt, daß sie ihren wirtschaftlichen, sozialen und politischen Aufschwung wesentlich den eigenen Fähigkeiten und Kraftanstrengungen verdanken und daß umgekehrt die vergleichsweise kümmerliche Entwicklung in der DDR nicht nur auf das dortige System und eine Herrschenden, sondern auch auf mangelnden Arbeitseinsatz und fehlende Motivation der Ostdeutschen zurückzuführen sei.

Dieser für das allgemeine Selbstgefühl der Bundesbürger konstitutive Blick auf die unterentwickelten Verhältnisse in der DDR ist durch die erste Phase des dortigen Umbruchs, den Sturz der autoritär-diktatorischen Herrschaft der Einheitspartei, noch nicht tangiert worden. Man gönnte den Deutschen in der DDR ein freiheitlich-demokratisches System und war fasziniert, daß sie es in einer gewaltsamen Revolution selbst erstritten. Doch die zweite Phase, der mehrheitliche Wunsch der Deutschen in der DDR nach baldigen, wenn nicht sofortigem Anschluß an den Lebensstandard in der Bundesrepublik hat uns hier ganz schön verunsichert. Die meisten Bundesbürger vermögen, trotz bundespräsidentieller und publizistischer Ermahnungen nicht einsehen, warum sie eigentlich das in Jahrzehnten hart Erarbeitete mit den Deutschen in der DDR teilten sollten, die zu unserem Lebensstandard doch kaum etwas beigetragen haben. Diese Grundeinstellung schlägt sich in zahlreichen Meinungsumfragen der letzten Wochen und Monate nieder, die ein Bild fortschreiben, das schon vor dem revolutionären Umbruch in der DDR dominierte: Die überwiegende Mehrheit der Deutschen in der Bundesrepublik will die deutsche Einheit, doch soll sie nichts kosten, darf den Lebensstandard im Westen nicht belasten und soll nicht mit Steuererhöhungen verbunden sein.

Doch sitzt nicht unser Unbehagen an der Aussicht, daß es vielleicht den Deutschen in der DDR bald genauso gut geht wie uns in der Bundesrepublik, noch tiefer? Woran sollen wir dann noch ermessen, daß es uns prächtig geht. Wenn es den "Brüdern und Schwestern" genauso gut geht? Der Blick auf die Leiden in der weit entfernten Dritten Welt hilft dabei kaum, eher schon berühren und bestätigen das westdeutsche Wohlgefühl die Fernsehbilder von der Misere in Polen, Rumänien und anderen europäischen Anrainern. Doch am liebsten hätten wir es, wenn sich das Wohlstandsgefälle vom Westen zum Osten des sich vereinigenden Deutschlands noch einige Zeit erhält. Es mag ja sein, daß die Einführung der Marktwirtschaft in der DDR mit erheblichen wirtschaftlichen und sozialen Problemen wie Arbeitslosigkeit, Betriebsschließungen, Lohndrückereien und dergleichen verbunden sein wird. Doch würde uns eine solche Entwicklung auch erlauben, weiterhin die anderen Deutschen zu bedauern, ihnen Brosamen vom Tisch des Herrn zukommen zu lassen und im Gefühl zu schwelgen, recht gehabt zu haben mit den Warnungen vor den illusionären Erwartungen in die schnelle Vereinigung.

Der westdeutschen Bevölkerung sind solche zwiespältigen Gefühle gegenüber dem durch den Umbruch in er DDR ausgelösten Vereinigungsprozeß nicht vorzuwerfen. Sie drückt nur aus, was sich in Jahrzehnten einschleifen konnte. Viel problematischer erscheint mir die Reaktion der westdeutschen Politiker auf die Herausforderung der von den Deutschen in der DDR auf die politische Tagesordnung gesetzten Vereinigung Deutschlands. Statt offen die Kosten der deutschen Einheit anzugeben und mit der "Verantwortungsgemeinschaft" aller Deutschen für die Folgen des deutschen Expansions- und Vernichtungsregimes unter Adolf Hitler zu legitimieren, behaupten die westdeutschen Parteien und Politiker entweder, die Einheit werde den steuerzahlenden Bundesbürger nichts kosten oder setzen ihre Wahlhoffnungen auf die Verunsicherung der Westdeutschen durch die befürchteten Lasten. Beide Taktiken könne kurzfristige Wahlerfolge sichern, doch auf längere Sicht wird dieser mangelnde Mut unserer politischen Klasse zu gefährlichen politischen Ressentiments und sozialpsychologischen Verwerfungen zwischen den Deutschen jenseits und diesseits er Elbe führen.

IV.

Aus dem bisher Gesagten könnte sich der Eindruck ergeben, die Bundesrepublik und die in diesem Staat lebenden Deutschen wären vorzugsweise auf den Vergleich mit der DDR als Herrschaftssystem und den dortigen Lebensverhältnissen fixiert. Das mag für die fünfziger und sechziger Jahre gegolten haben, trifft aber für die letzten beiden Jahrzehnte nicht mehr so eindeutig zu. Seit Beginn der siebziger Jahre agiert und identifiziert sich die Bundesrepublik mehr aus sich selbst heraus, fand zu jener weitgehenden Selbstgenügsamkeit, die einen "ganz normalen Staat" (Kurt Sontheimer) auszeichnet. Deutschland und die Bundesrepublik wurden gleichgesetzt, die sich am Alltagssprachgebrauch zum Beispiel der Sportberichterstattung oder an Ergebnissen der empirischen Umfrageforschung nachweisen läßt.

Mit dieser Fixierung und Orientierung der Bundesrepublik und der Bundesdeutschen auf sich selbst ging die Tendenz einher, die DDR als Ausland und die dort Lebenden als fremde Verwandte, als Auslandsdeutsche neuen anderen zu sehen. Für das faktische Selbstverständnis der Bundesrepublik und Bundesbürger spielten die gesamtdeutsche Nation und die DDR nur noch eine marginal Rolle, als Restposten der Geschichte und Vorbehalte gegenüber einer ungewissen Zukunft. Für die Mehrheit der Bundesdeutschen, zumal der jüngeren Generationen, wurden "deutsche Nation" und Bundesrepublik deckungsgleich. Man begnügte sich mit einer "Nation Bundesrepublik", wenn auch nicht im Verfassungsrecht und Parteiprogramm offen zugegeben. Die Bundesrepublik ist ein politisches und soziales Gemeinwesen geworden, das seine Stabilität und Legitimität primär aus den eigenen Leistungen und Werten heraus nicht mehr über gesamtdeutsche Revisionsvorbehalte und den Kontrast zum andren deutschen Staat findet.

Darin unterscheidet sich unser Staat und seine Bürger seit Jahren vom andren deutschen Staat und den dort lebenden Deutschen. Dessen Staats- und Parteiführung hatte zwar die ideologische Abgrenzung von er schwarzen BRD auf ihre roten Fahnen geschrieben. Doch die permanente Kritik der SED und ihrer Presse an den Verhältnissen in Westdeutschland hatte eher die entgegengesetzte Wirkung, bestätigte in den Augen der DDR-Bevölkerung den gesamtdeutschen Zusammenhang. Die Ostdeutschen haben in vierzig Jahren separatstaatlicher Existenz zwar ihren eigenen Lebens- und Gesellschaftsstil entwickelt, doch mit ihren Erwartungen, Wünschen und Zukunftsträumen orientieren sie sich zumeist am Leben in der Bundesrepublik, oder genauer gesagt, an ihrem Bild vom Leben im Westen, wie sie es vor allem über die westlichen Fernsehkanäle tagtäglich in den eigenen vier Wänden empfangen konnten. Entscheidend war, daß die DDR-Bewohner alles das, was sie an ihrem eigenen Staat und ihrer Volkswirtschaft als Mangel ansehen, im Westen vorzufinden meinen.

Während also in den vierzig Jahren deutscher Teilung das Interesse der bundesdeutschen Durchschnittsbevölkerung an der DDR, sowohl an deren System als auch an den dort lebenden Deutschen, eher verblaßt ist, blickten und blicken die Ostdeutschen andauernd nach Westen, auf die Bundesrepublik und uns Bundesdeutsche.

Die Bundesrepublik war und ist die permanente "positive Vergleichsgesellschaft" der Deutschen in der DDR, um den von M. Reiner Lepsius geprägten Begriff wieder aufzunehmen, aber die DDR ist längst nicht mehr im gleichen Umfang eine "negative Vergleichsgesellschaft" für die Bundesbürger. Statt der DDR und Herrschaftssystem der SED waren in den vergangenen Jahren für die Bundesrepublik zum zwar ungeliebten, aber hingenommenen politischen Tatbestand geworden.

So wird das Verhältnis zwischen Bundesrepublik Deutschland und DDR auch auf der Wahrnehmungsebene durch jene Asymmetrie charakterisiert, die Lepsius allgemein für die Beziehungen zwischen beiden deutschen Staaten konstatierte. Die DDR, sowohl ihre Bürger als auch ihre

Regierenden, blickten viel intensiver auf die Bundesrepublik als umgekehrt diese auf die DDR.

Diese Asymmetrie der Intensität der gegenseitigen Perzeptionen, die schon länger vorhanden war, ist durch den Umbruch in der DDR eher noch verstärkt worden und aus einem latenten zu einem manifesten Problem geworden. Die Mehrheit der Bundesdeutschen mit ihrer relativen Distanz, ja selbst Gleichgültigkeit gegenüber der DDR, den dort lebenden Deutschen und deren Lebensverhältnissen, empfindet die Vereinigungsrufe der Ostdeutschen als aufdringlich und störend. Man ist in den letzten Jahrzehnten in und mit der Bundesrepublik glücklich und zufrieden geworden. Das soll durch die Herstellung der Einheit Deutschlands nicht gefährdet werden. So entspringt es nicht nur dem politischen Willen der konservativen Bundesregierung, sondern entspricht auch der Präferenz der Mehrheit der Deutschen in Ost und West, Gesamtdeutschland als eine erweiterte Bundesrepublik zu konzipieren. Auf diese Weise würde sowohl den Erwartungen der Mehrheit der Ostdeutschen an eine schnelle und eingreifende Veränderung ihrer Lebensverhältnisse als auch dem Wunsch der Mehrheit der Westdeutschen nach Bewahrung der gewohnten Lebensverhältnisse Rechnung getragen. Die Einheit darf schon kommen, doch Deutschland soll die Bundesrepublik bleiben.

V.

Stimmt es aber, daß die Mehrzahl der bundesrepublikanischen Politiker und Bürger der Aussicht auf Wiederherstellung der deutschen Einheit eher lauwarm gegenüberstehen? Dieser Ansicht kann entgegengehalten werden, daß die Repräsentanten dieses unseres Staates durch alle die vier Jahrzehnte seiner Existenz immer wieder die Überwindung der deutschen Teilung gefordert haben. Das Wiedervereinigungsgebot ist nicht nur in der Präambel des Grundgesetzes geblieben sondern verfassungsrechtlich und verfassungsgerichtlich zementiert worden; in allen Regierungserklärungen der Bundeskanzler von Adenauer bis zu seinem Enkel wurde der Wille zur Herstellung der nationalen Einheit betont; die Bundesregierungen haben jährlich ihre Allianzpartner auf dieses Ziel verpflichtet.

Doch diesem programmatischen Festhalten an deutscher Einheit entsprach nie die realpolitische Prioritätensetzung. Seit dem Bau der Mauer im August 1961 und der dadurch bewirkten partiellen Stabilisierung der DDR als einem relativ eigenständigen Staat erschien die nationalstaatliche Einheit Deutschlands auf absehbare Zeit nicht erreichbar. Man mochte sie beschwören, aber durchsetzen konnte und wollte man sie nicht, hätte man damit doch eine ernsthafte Gefährdung des Friedens in Europa und der Welt in Kauf genommen. So stand die deutsche Einheit, trotz entgegengesetzter Beteuerungen der Politiker, objektiv bis zur Revolution der Deutschen in der DDR nicht auf der weltpolitischen Tagesordnung.

Diese Spannung zwischen Einheitspostulat und Teilungsrealität war nicht nur ein Produkt der Doppelzüngigkeit der Politiker in der Bundesrepublik. Sie entsprach auch dem Meinungsbild der großen Mehrheit der Bundesdeutschen. In Meinungsumfragen während der letzten zwanzig Jahre haben immer wieder mehr als zwei Drittel der Befragten den Wunsch nach Wiedervereinigung Deutschlands bejaht, gleichzeitig aber auf der Liste der politischen Prioritäten die Herstellung deutscher Einheit nach unten gerückt. Wirtschaftliche und soziale Sicherheit, Erhaltung des Friedens, Sorge um die Umwelt, Kampf gegen die Kriminalität und dergleichen mehr stand an der Spitze der dringlichen Ziele der Bürger und bestimmten die Wahlentscheidungen. Elisabeth Noelle-Neumann meinte das von ihrem Institut erfragte geringe Interesse der Bundesdeutschen an der deutschen Einheit mit deren Realitätsgespür für das durch die sozialliberale Bundesregierung verschenkte Wiedervereinigungsziel erklären zu können, doch auch heute, nachdem in Deutschland und in der Weltpolitik die Herstellung der deutschen Einheit möglich und wahrscheinlich geworden ist, rangiert dieses politische Ziel bei den Bundesdeutschen unter "ferner liefen".

In dieser Situation hat die Mehrheit der Deutschen in er DDR mit ihrem Ruf nach "Deutschland, einig Vaterland" die bundesdeutschen "Brüder und Schwestern" beim Wort genommen. Die Ostdeutschen berufen sich auf die Ankündigungen und Versprechungen, die uns Westdeutschen vierzig Jahre lang so leicht über die Lippen kam, wenn auch meist nur in Feiertags- und Sonntagsreden. Die Reaktion der Bundesdeutschen auf die Einforderung der Zusagen durch die Deutschen in der DDR ist Betretenheit und Konfusion. Wir fühlen uns vom Vereinigungswunsch der Deutschen in der DDR überrumpelt, sehen uns ertappt bei hohlen Versprechungen und können angesichts des elementaren Vereinigungswillen der Ostdeutschen nur stammeln, daß wir es eigentlich nicht so ernst gemeint haben.

Die Deutschen in der Bundesrepublik haben die programmatischen Forderungen ihrer Politiker nach Wiederherstellung der deutschen Einheit unterstützt, jedenfalls niemals korrigiert, solange die Lösung der deutschen Frage weltpolitisch unmöglich erschien. Jetzt, da sie möglich geworden ist, fühlt man sich vom einseitigen Vereinigungswillen der Deutschen in der DDR überfahren, will noch einmal Zeit und Freiheit haben, über die Entscheidung zur deutschen Vereinigung nachzudenken. Doch den Mut, den "Brüdern und Schwestern" im andren Deutschland einzugestehen, daß man kalte Füße bekommen hat, daß man zumindest die Versprechungen vor deren Einlösung noch einmal überdenken möchte, den hat man in der Bundesrepublik kaum.

VI.

Soweit in sehr groben, pauschalierenden Strichen die zwiespältigen Gefühle, die der Umbruch in der DDR und vor allem der Ruf der dortigen Deutschen nach "Deutschland, einig Vaterland" in der breiten Bevölkerung in der Bundesrepublik hervorgerufen hat. Von diesem allgemeinen Bild gibt es einige Abweichungen, deren Träger zwar zahlenmäßig

Minderheitsgruppen in der Bundesrepublik darstellen, die aber über öffentliche und politische Relevanz verfügen.

Die erste Gruppe besteht aus jenen Bundesbürgern, die Verwandte und Freunde in der DDR haben. Lutz Niethammer hat sie vor Jahren mit dem Begriff der "innerdeutschen Kontaktgruppe" charakterisiert. Diese rekrutiert sich zunächst einmal aus jenen drei Millionen Deutschen, die zwischen 1949 und 1961 von Ost- nach Westdeutschland gegangen sind, und deren Nachfahren. Durch den Mauerbau haben die DDR-Behörden dann die Möglichkeiten der Interaktion und Kommunikation zwischen Freunden und Bekannten in beiden deutschen Staaten erheblich eingeschränkt und insbesondere auch die Bildung neuer innerdeutscher Verwandtschaftsbeziehungen durch Heirat fast unmöglich gemacht. So hat sich von 1953 auf 1982 die Zahl der Bundesdeutschen mit Verwandtschaftsbeziehungen engeren Grades (Eltern, Großeltern, Geschwister, Kinder und Enkel) von 17 auf 8 Prozent halbiert. Doch seit 1984 sind wieder Übersiedlungen aus der DDR in die Bundesrepublik möglich geworden, die im letzten Spätsommer mit der Öffnung der ungarisch-österreichischen Grenze zur Migrationswelle anschwollen und den Umbruch in der DDR im vergangenen Herbst auslösten. Seit 1984 sind schon wieder mehr als eine halbe Million Deutsche aus der DDR in die Bundesrepublik gekommen, im letzten Jahr waren es allein 380.000, und auch in diesem Jahr sind bis zum heutigen Datum bereits über 200.000 Übersiedler registriert worden.

Die Übersiedler sind Bundesbürger nicht nur auf dem Papier geworden, sie wollen als solche auch gesellschaftlich integriert werden. Sie beeinflussen wie die ganze innerdeutsche Kontaktgruppe wesentlich das bundesrepublikanische Bild von der DDR im allgemeinen und von deren revolutionären Umbruch seit dem vergangenen Herbst im besonderen.

Auf die Übersiedler trifft die allgemeine Feststellung der Indifferenz und Ignoranz der Bundesdeutschen gegenüber der DDR und den dort lebenden Deutschen nicht zu. Diese Neubürger der Bundesrepublik sind den Deutschen in der DDR durch enge Besuchs- und Briefkontakte verbunden und lehnen gleichzeitig das realsozialistische System der DDR ganz entschieden ab. Ihre Sicht des ostdeutschen Umbruchs ist von Motiven der Rechtfertigung für das Verlassen der alten Heimat geprägt. Sie sind immer noch skeptisch, ob die alten autoritären und diktatorischen Strukturen und ihre Kaderpersonal in der DDR wirklich verschwunden sind und ob die neuen demokratischen Willensbildungsprozesse von Dauer sein werden, denn sonst müßten sie die Rücksiedlung in die alte, nun wahrhaft demokratische Heimat erwägen.

Die Übersiedler aus der DDR haben wesentlich den Umbruch im zweiten deutschen Staat bewirkt. Doch umgekehrt hat die ostdeutsche Revolution die Übersiedler auch verunsichert und ihre Integration in die Bundesrepublik erschwert. Neben den offensichtlichen Problemen der ökonomischen und gesellschaftlichen Integration der Übersiedler sollten diese sozialpsychologischen Aspekte der Übersiedlung aus der DDR in die Bundesrepublik und der revolutionären Veränderung in ihrer Ursprungsheimat nicht übersehen werden.

VII.

Die zweite Gruppe in der Bundesrepublik, deren Einstellung zur DDR und der Revolution zwischen Elbe und Oder von der allgemeinen Reaktion abweicht, sind die westdeutschen Literaten und Schriftsteller. Viele von ihnen hatten seit etwa zehn Jahren die DDR als das eigentliche Deutschland entdeckt. Prototypisch für diese Sicht der DDR waren Titel und Inhalt des Buches von Günter Gaus "Wo Deutschland liegt" (Hamburg 1983). Die DDR gilt der Mehrzahl der bundesrepublikanischen Schriftsteller als traditioneller, biederer, familiärer, aber auch etatistischer und obrigkeitsstaatlicher, insgesamt als "deutscher" als im Vergleich die Bundesrepublik. Sie wurde, auch und gerade in ihrer Rückständigkeit, als ein lebendes Museum der deutschen Geschichte gesehen und geschätzt.

Dieses literarische Bild von der DDR, das durchaus Realitätscharakter hatte, aber nicht frei von Idealisierungen und Idyllisierungen war, ist durch die nationale Wende des Umbruchs in der DDR zutiefst verunsichert worden. In ihm schwang schon früher manches Unbehagen an den modernen, westlichen Verhältnissen in der Bundesrepublik mit. Jetzt wird befürchtet, daß das Deutschland zwischen Elbe und Oder durch den Anschluß an das Deutschland zwischen Saar und Elbe von dessen Kulturbanausentum und angeblicher "Amerikanisierung" überrollt werden könne. Man sorgt sich mit gewissem Recht, daß das Freilichtmuseum DDR mit seinen architektonischen und mehr noch sozio-kulturellen Artefakte aus deutscher Vergangenheit von der anrollenden Modernisierungswelle einplaniert wird. Viele westdeutsche Intellektuelle fragen sich daher, wo man noch die eigenen historischen Wurzeln entdecken und in einer Nische sentimentaler Gefühle nachgehen könne, wenn erst das Gebiet der DDR so leistungsorientiert, modern, stromlinienförmig und gehetzt wie die ungeliebte Bundesrepublik geworden sei. Die Schriftsteller aus beiden deutschen Staaten finden ihr Deutschland auf keinem Atlas mehr.

So begrüßte die überwiegende Mehrheit der westdeutschen Literaten mit ihren ostdeutschen Kollegen die wahrhaft demokratische Eigenständigkeit der Deutschen Demokratischen Republik. Doch daß die Bürger in der DDR dann mehrheitlich ihren eigenen Staat aufheben und der Bundesrepublik anschließen wollen, das geht ihnen nun doch zu weit.

VIII.

Damit wären wir im Zusammenhang der bundesrepublikanischen Reaktionen auf den Umbruch in der DDR bei einer letzten Gruppe, den Linken in der Bundesrepublik. Eine überzeugte Anhängerschaft hat das System des realen Sozialismus, wie es in den vergangenen vierzig Jahren in der DDR propagiert und praktiziert worden ist, in der Bundesrepublik nur bei einem verschwindet kleinen Teil der Bevölkerung und der intellektuellen Eliten gefunden. Die sklavische Abhängigkeit von KPD, DKP, ihren Organisationen, Funktionären und Anhängern von der sozialistischen Einheitspartei hat wesentlich zur politischen und gesellschaftlichen Marginalität dieser Gruppen beigetragen. Was von ihnen noch übrig geblieben war, ist durch den Kollaps von Herrschaftsanspruch und Ideologie der SED im vergangenen Herbst in die absolute Bedeutungs- und Orientierungslosigkeit gefallen.

Für weiteste Teile der linken Bewegung in der Bundesrepublik war vielmehr seit den fünfziger Jahren eine tiefsitzende Antipathie gegenüber dem politischen System in der DDR konstitutiv, dem eine autoritäre und staatskapitalistische Denaturierung der Ideen des Sozialismus vorgeworfen wurde. Daher wurde im vergangenen Herbst die demokratische Revolution in der DDR von den meisten Linken in der Bundesrepublik freudig begrüßt. Dort schien den fortschrittlichen Intellektuellen aus dem Stand der Opposition und Unterdrückung etwas zu gelingen, was ihren Gesinnungsgenossen in der Bundesrepublik unter viel günstigeren Bedingungen über Jahrzehnte versagt geblieben war.

Doch die weitere Entwicklung des Umbruchs in der DDR stieß auf wachsendes Unbehagen und schließlich schroffe Ablehnung bei den Linksintellektuellen in der Bundesrepublik. Das Volk der DDR sollte sein demokratisches Selbstbestimmungsrecht ausüben können, aber gefälligst für die Verwirklichung eines demokratischen Sozialismus in einer eigenständigen DDR und nicht für eine deutsche Einheit unter kapitalistischen Vorzeichen. So sehen sich viele Linke in der Bundesrepublik von der Mehrheit der Deutschen in der DDR um die Hoffnung betrogen, wenigstens im anderen Teil Deutschlands jene Utopie verwirklichen zu können, deren Realisierung im eigenen Teil Deutschlands in unerreichbarer Ferne liegt.

Aus dieser Enttäuschung über die Wende von der demokratisch-sozialistischen zur gesamtdeutsch-marktwirtschaftlichen Revolution denunzieren die Linken in der Bundesrepublik den Umbruch in der DDR und ihre Träger. Zunächst sahen sie hinter den Rufen nach deutscher Einheit, wie sie vor allem auf den Leipziger Montagsdemonstrationen seit Anfang Dezember 1989 zu vernehmen waren, lediglich ostdeutsche Neonazis, die den westdeutschen Republikanern nacheiferten. Nachdem der Antifaschismus jahrzehntelang von der Einheitspartei als Rechtfertigungsideologie für ihre Diktatur mißbraucht worden war, verstanden sich die Intellektuellen in Ost- und Westdeutschland als die wahrhaft demokratischen Bannerträger des Antifaschismus und hielten ihn der auf Einheit drängenden Arbeiterbevölkerung der DDR mit ihren konsumistischen und populistischen Interessen vor. Nachdem es aber nicht gelang, alle nach deutscher Einheit drängenden DDR-Bürger in die äußerste rechte Ecke zu stellen, stilisierten die bundesrepublikanischen Linksintellektuellen zu Opfern, zu "nützlichen Idioten" der Expansionsstrategien des westdeutschen Kapitals und seiner politischen Helfershelfer. Die Deutschen in der DDR hätten sich von den durch das Westfernsehen vermittelten Sirenenrufen der ökonomischen und politischen Herrschaftsklasse der Bundesrepublik verführen lassen.

Sicherlich kommt die ostdeutsche Einheitsbewegung der bundesdeutschen Wirtschaft und der konservativen Bundesregierung nicht ungelegen und setzen diese den Ruf nach deutscher Einheit in ihren ökonomischen und politischen Profitstrategien ein. Doch im Westen den Verursacher und dem Osten das unschuldige Opfer einer ungewollten Politik zu sehen, dreht meines Erachtens den zeitgeschichtlichen Tatbestand schlicht um. Hinter solchen Verschwörungstheorien, mit denen die Linken in der Bundesrepublik auf die nationale Wende des Umbruchs in der DDR reagieren, steht ebenfalls jener Geist der Bevormundung, dem man - durchaus zu recht - den bundesdeutschen Staatsparteien vorwirft. Es geht den Linken der Bundesrepublik schlicht gegen den Strich, daß die Deutschen in der DDR ihr in der demokratischen Revolution vom Herbst 1989 erstrittenes Selbstbestimmungsrecht zu einer Willensbekundung für eine, wenn auch sozialstaatlich temperierte, kapitalistische Ordnung eingesetzt haben.

IX.

Hoffentlich haben Sie alle sich in der einen oder anderen Reaktion der Bundesdeutschen auf den revolutionären Umbruch in der DDR wiedererkannt. Es ging mir bei diesem Panorama nicht um eine Beurteilung oder gar Verurteilung von bestimmten bundesrepublikanischen Wahrnehmungen der Vorgänge in der DDR. Wichtig war mir vielmehr der Nachweis der vielfältigen Entfremdung, Mißverständnisse, Ungleichgewichte und Zerrbilder, die in vierzig Jahren staatlicher und noch mehr gesellschaftlicher Teilung zwischen den Deutschen in Ost und West entstanden sind. Vor allem scheint mir festzuhalten, daß man die Deutschen im jeweils anderen Teil Deutschlands kaum aus deren eigenen Lebenslagen und -bedürfnissen heraus sieht und versteht, sondern von dem eigenen Lebensumständen und -wünschen auf die ihrigen schließt.

Diese sozialpsychologische Entfremdung zwischen West- und Ostdeutschen wird sich erst in komplexen und langwierigen Anpassungs- und Gewöhnungsprozessen abbauen lassen. Auf den Gebieten von Politik und Wirtschaft mag die Illusion noch zugehen, daß die Einheit Deutschlands durch Unterschrift unter Staatsverträge und Anschlußerklärungen und Einführung der Deutschen Mark kurzfristig herzustellen sei. Doch in Bezug auf die individuellen und kollektiven Empfindungen und Wahrnehmungen wird man für das Zusammenwachsen des deutschen Volkes Jahre brauchen.

So wie die Teilung Deutschlands nicht an einem Tag erfolgte, sondern ein jahrzehntelanger Prozeß war, kann die Aufhebung der Teilung und die Beseitigung vor allem ihrer kommunikativen und sozialpsychologischen Folgen nicht in kurzer Frist bewerkstelligt werden. Sie wird Jahre brauchen, wenn auch vielleicht nicht noch einmal fünfundvierzig Jahre. Ob und wie schnell uns die Überwindung der zwischendeutschen Entfremdung gelingt, wird wesentlich auch davon abhängen, ob wir in der Bundesrepublik und unserer zumeist unbewußten Projektionen bei der Wahrnehmung der Vorgänge im anderen Teil Deutschlands bewußt werden. Dazu hoffe ich einige Anregungen und Anstöße gegeben zu haben.

Rolf Reißig

Die DDR und die deutsche Vereinigung

Die staatliche Einheit Deutschlands wird in diesem Jahr Realität. Die ökonomische, die soziale, die kulturelle, die gesellschaftliche Einheit Deutschlands aber wird länger, viel länger dauern. Vielleicht fünf Jahre, eher aber noch länger, 8, 10, 12 Jahre. Warum aber wurde die Vereinigung der beiden deutschen Staaten jetzt auf einmal möglich? Hatte sich nicht längst eine Mehrheit der Deutschen, eine Mehrheit der Europäer auf jeden Fall mit zwei deutschen Staaten abgefunden? Und - war dies nicht ein stabiler Bestandteil der europäischen Nachkriegsordnung, ihrer relativen Stabilität? Der Gedanke der "Verantwortungsgemeinschaft" zwischen beiden deutschen Staaten, langfristig vielleicht einer Konföderation zwischen ihnen, das schien uns damals eine sehr weitreichende Konzeption.

Die Wirklichkeit hat uns eingeholt, schneller als Politiker und wissenschaftliche Experten das je für möglich gehalten hätten. Nun aber, wo die Einheit sich vollzieht, wollen viele ihre Väter sein. Und in der Tat - es gibt deren mehrere. Ohne die Grenzöffnung in Ungarn, oder gar ohne die Politik Gorbatschows, aber auch ohne den KSZE-Prozeß wäre eine deutsche Vereinigung nicht möglich geworden. Ich denke, zuallererst aber wurde sie möglich und praktisch machbar durch den Umbruch in der DDR. Es war eine Mehrheit der Menschen in der DDR, die Anfang 1990 die Frage der Einheit Deutschlands praktisch auf die Tagesordnung rückte.

Vom demokratischen Umbruch zum schließlichen Zusammenbruch der DDR

Der demokratische Umbruch im Herbst 1989 und der nachfolgende Zusammenbruch der DDR wurden so von niemandem vorhergesehen, vorausgesagt - nicht in Ost und nicht in West. Lange Zeit wurde die DDR - trotz der ihr eigenen Krisensymptome und akuten Legitimitätsprobleme - als in Grenzen noch relativ stabil und sogar wandlungs- und entwicklungsfähig angesehen. Auch traute man dem Macht- und Herrschaftsapparat der SED zu, aufkommenden Widerstand repressiv unterdrücken zu können. Beides erwies sich im Herbst 1989 als trügerisch. Der Umbruch in und der nachfolgende Zusammenbruch der DDR war durch nichts und niemanden mehr ernsthaft aufzuhalten. Warum? Wo lagen die Ursachen dafür? M. E. sind es drei Faktoren, die Ende 1989 so miteinander zusammenfallen, daß der Umbruch in der DDR schließlich zum Zusammenbruch der DDR wird. Zum ersten: Die Krise in der DDR hatte im Verlaufe des Jahres 1989 alle Bereiche erfaßt - die wirtschaftliche und soziale Ordnung, das politische System, das Wertesystem, die Lebensweise, die staatliche Existenz. Vor allem die tiefe Wirtschaftskrise engte den Spielraum für die Honeckersche Sozialpolitik (sog. "Hauptaufgabe" der "Einheit von Wirtschafts- und Sozialpolitik" als "Kern" - wie es hieß - der gesamten Gesellschaftspolitik der SED) rapide ein. Die Wirkungs- und Bindemöglichkeiten der Sozialpolitik schwanden nun zusehends. Die Unzufriedenheit mit der schlechten Versorgungslage, den Dienstleistungen, der verrottenden Infrastruktur, den wachsenden ökologischen Belastungen wuchs bei der Mehrheit der Bevölkerung. Die offizielle Erfolgspropaganda, die den Menschen das Gegenteil dessen, was sie praktisch erlebten, einzureden versuchte, spitzte deren Unmut nur noch weiter zu. Der in Jahrzehnten und besonders auch in den 70er Jahren erworbene, wenn auch bescheidene Wohlstand, relativierte sich für die Mehrheit der Bürger besonders im Vergleich zur Entwicklung in der Bundesrepublik. Ein bedeutend höheres und auch schneller steigendes Einkommensniveau, eine überlegene Warenvielfalt und die damit verbundene Möglichkeiten des Menschen, vielfältige Bedürfnisse zu befriedigen, wirkte nachhaltig auf die Mehrheit der DDR-

Bevölkerung. Diese Wirkung übertraf immer mehr die realen oder auch nur scheinbaren Vorteile von Arbeitsplatz- und sozialer Sicherheit in der DDR. Die Faszination "westlicher Lebensweise" stieg, zumal man sie nie wirklich "ganz" erleben konnte.

Hinzu kam, daß das Bedürfnis nach Transparenz der staatlichen Entscheidungen, nach Mitsprache und Mitgestaltung der Bürger, nach freier Entfaltung der eigenen Individualität, aber besonders nach Reisefreiheit in den 80er Jahren einen völlig neuen Stellenwert in der Bevölkerung der DDR erhielt.

Und trotz der hierarchischen Gliederung der Gesellschaft hatten sich die sozialen Strukturen in den 80er Jahren weiter ausdifferenziert (z. B. innerhalb der Arbeitnehmerschaft). Es bildeten sich neue soziale Gruppen heraus. Soziale Aufstiegschancen aber waren - im Unterschied noch zu früher - weitgehend blockiert. Und die herrschende Elite rekrutierte sich längst aus sich selbst. Ein Generationskonflikt war schon lange nicht mehr zu übersehen. Mehr als ein Drittel der Bevölkerung in der DDR wurde nach 1961 geboren. Die Jugendlichen vergleichen ihre Lebenslage nicht - wie viele der Älteren - mit der Nachkriegszeit; wenn - dann ausschließlich mit der in der Bundesrepublik. Ein gewisser Wohlstand und eine soziale Perspektive bindet sie seit Ende der 70er Jahre immer weniger an das System. Das erscheint der Mehrheit als ein zu hoher Preis für politische Indoktrinationen, geringe Spielräume des Sich-Ausprobierens, die Beschränkungen der Reisemöglichkeiten, zumal ein Wandel nicht in Aussicht scheint.

Die Verhaltensweisen und Wertvorstellungen wandelten sich. Es entstand eine neue "zweite" "Öffentlichkeit", die Zivilgesellschaft begann sich allmählich vom Staat zu emanzipieren. Dies manifestiert sich in der DDR der 80er Jahre in der Herausbildung alternativer Kulturen und vor allem in der Entstehung von Bürger-rechts-, autonomen Friedens-, Frauen- Ökologiegruppen. Hier ent-steht ein eigenes Netz der Kommunikation, eigene Wertvorstellungen und Weltbilder, die mit den staatsoffiziell verkündeten nichts mehr gemein haben. Es wird ein neuer Wille zur Überwindung bislang vorherrschender Konformität und zur politischen Freiheit sichtbar, der die Auflehnung gegen die bürokratische Herrschaft stimuliert und die Angst allmählich überwindet. Aber das politische System blieb durch und durch parteizentriert, blieb totalitär, ohne wirkliche Fähigkeiten zum Dialog, zur Regulierung, Integration und Konsensbildung. Und was m. E. ganz wesentlich ist: die ideologische Legitimation der Herrschaft der SED, nie sonderlich stark, ließ dermaßen nach, das im Herbst 1989 selbst die Mehrheit der SED-Mitglieder sich gegen "ihre" Führung stellte. Der Verlust der Utopie, der Zukunft (Kommunismus), die neue kritische Sicht auf die Vergangenheit des Sozialismus (Stalinismus "und" Deformation) und Unzufriedenheit mit der Gegenwart fallen zusammen und führen zu einer tiefen Legitimationskrise der SED.

Trotz einzelner Versuche zur Integration nimmt die Repression in der offiziellen Politik jetzt weiter zu. Und das, wo sich die strategischen Rahmenbedingungen für die DDR grundlegend veränderten. Der KSZE-Prozeß, an dessen Ingangsetzen die DDR selbst einen Anteil hatte, förderte zugleich die Öffnung der Systeme, ihre Kooperation, die DDR aber basierte historisch auf Abgrenzung (Mauer). KSZE - das hieß vor allem auch volle Verwirklichung der Menschenrechte; die DDR tat sich damit aber mehr als schwer, und wichtige Menschenrechte wurden nicht eingehalten, ja gröblichst verletzt.

Noch viel nachhaltiger als durch den KSZE-Prozeß veränderten sich die strategischen Rahmenbedingungen der DDR - und der SED - durch den Machtantritt Gorbatschows und durch seine Politik von "Glasnost" und "Perestroika". Die SED-Führung sieht darin nicht die allerletzte Chance, vielleicht doch noch den Sozialismus zu demokratisieren und um seine Akzeptanz in der Bevölkerung zu ringen. Vielmehr geht man nun - nachdem man von Stalin bis Breschnew in fester Freundschaft verbunden war - auf Distanz zu Moskau und dessen Politik, während eine Mehrheit selbst der SED-Mitglieder sich für einen Kurs der Reformierung und Demokratisierung ausspricht. Der Gegensatz zu Moskau wächst, wo der "Beistand" so "nötig" gewesen wäre. In Polen bildet sich die erste nichtkommunistische Regierung, in Ungarn schreitet die von der sozialistischen Staatspartei selbst in Gang gesetzte Transformation weiter voran. Die DDR gerät - erstmals - im Ostblock allmählich in die Isolation.

Ein radikaler Neuanfang, eine tiefgreifende Umgestaltung des gesamten Systems waren notwendig. Die Voraussetzungen dafür aber waren im System, in seinen Grundlagen und Strukturen nun schon nicht mehr vorhanden. Hier stoßen wir auf die zweite Gruppe von Faktoren, die den Zusammenbruch der DDR bewirkten.

Die Krise und der Zusammenbruch der DDR sind Teil der Krise und des Zusammenbruchs der gesamten staatssozialistischen Systeme Osteuropas. Damit fällt das Ende der DDR-Geschichte im Prinzip mit dem Ende der Nachkriegsgeschichte und einer 70jährigen spezifischen Revolutionsgeschichte zusammen. Die kann hier selbstverständlich nicht näher analysiert werden. Die tiefste Ursache dieser Krise und dieses Prozesses des Zusammenbruchs der "realsozialistischen Systeme" liegt nicht zuerst in einer "falschen" Politik der jeweiligen "Partei- und Staatsführungen" (was natürlich eine grundlegende Rolle spielte), sondern im folgendem: Alle produktiven Funktionen, alle Eigentümerfunktionen, alle Machtpositionen der Gesellschaft sind im Zentrum einer Partei, einer Führungsgruppe konzentriert und monopolisiert, während die Bürger real enteignet, ihrer Eigeninitiative, -verantwortung und ihrer Selbstgestaltung beraubt sind. Wie aber kann eine moderne, hochkomplexe und differenzierte Gesellschaft von einem bürokratisierten Zentrum aus geleitet und gelenkt werden? Wie soll sich eine Wirtschaft, eine Gesellschaft wirklich entfalten können, wenn alle Antriebskräfte moderner Gesellschaften - Markt, Geld, Gewinn, Öffentlichkeit, Recht, Demokratie - außer Kraft gesetzt sind?! Nirgendwo konnten deshalb moderne, demokratisch-sozialistische Gesellschaften geschaffen werden, die sich auf die Mehrheit der Bevölkerung hätten stützen können. Anfangserfolge versiegten. Bestimmte soziale und kulturelle Leistungen konnten die großen, negativen Probleme nicht verdecken. Der Stalinismus hat den Sozialismus deformiert, hat die Probleme aufs äußerste zugespitzt, aber er hat sie nicht allein verursacht; sie liegen eben tiefer. Für die DDR, einem ehemals schon entwickelten Land, war, nachdem die wenigen ernsthaften Reform-Ansätze in der Geschichte scheiterten, unter diesen Bedingungen eine Perspektive nun nicht mehr möglich.

Und ein dritter Faktor: Die Krise der DDR hätte sich vielleicht noch einige Zeit hinziehen können. Der Verfall der SED-Herrschaft hätte noch einige Jahre andauern können, wenn nicht die "Explosion" auslösende Faktoren hinzugekommen wären. Dazu sind zu zählen: zuerst die Öffnung der Grenzen in Ungarn; die nun rasant zunehmende Ausreisewelle; die mutigen Aktionen der neuen Bürgerbewegungen und neuen politischen Gruppen, die Massendemonstrationen von Zehn- und Hunderttausenden, die bleiben, aber eine radikale Umgestaltung der DDR wollen; die Sprachlosigkeit und Handlungsunfähigkeit der SED-Führung und ihre innerparteiliche Entmachtung durch eine kritische Parteibasis.

In vielerlei Hinsicht glich die Entwicklung im Oktober/November 1989 in der DDR dem Zusammenfall eines Kartenhauses. So richtig an diesem Vergleich vieles ist, so begrenzt ist doch seine Aussagekraft. Denn der Zusammenbruch war zugleich ein bewußt erzwungener Umbruch aktiv handelnder Subjekte. Wie in allen revolutionären Umbrüchen war der Handlungsdruck vor allem von unten außergewöhnlich stark, die Beschleunigung der Zeit ein typisches Merkmal des Umbruchs.

Die Opposition in der damaligen DDR, die Bürgerbewegungen, die Kirche, auch die Reformkräfte in der damals herrschenden Staatspartei (SED) standen zunächst für eine DDR, aber für eine radikal erneuerte, demokratisierte, rechtsstaatliche, pluralistische und geöffnete DDR, für verschiedene Varianten eines demokratischen, menschlichen Sozialismus. Die Mauer sollte allmählich abgebaut werden, und beide deutsche Staaten sollten längerfristig in enger Kooperation im europäischen Rahmen zueinander finden. Dieser Weg wäre wohl der bessere gewesen, die optimalere Variante. Er lag im Interesse beider Seiten/Teile Deutschlands, der Menschen und auch der europäischen Nachbarn. Er hätte nicht zuletzt den Menschen in der DDR Zeit gelassen, ihre Vergangenheit aufzuarbeiten.

Im November/Dezember 1989 zeichnete sich aber ein deutlicher Umschwung im Massenbewußtsein der DDR-Bevölkerung ab. Die Dynamik der Massenbewegungen nahm fast täglich zu, aber sie stimmte auch bald immer weniger mit Anliegen, Forderungen und Zielen der Bürgerrechtsgruppen überein. Statt der Losung "Wir sind das Volk!", mit der die SED-Herrschaft gestürzt wurde, trat immer häufiger die Losung "Wir sind ein Volk!". Und statt der Forderung "Für eine neue DDR" trat in den Massendemonstrationen und auch bei maßgeblichen politischen Kräften die Forderung "Deutschland - einig Vaterland". Warum dieser Umschwung? Wo lagen die Gründe für diese Zäsur im Umbruch, für diese Wende in der Wende? Man hört: Manipulation des Bewußtseins! Einmischung von außen! Dieses gab es ohne Zweifel. Und nach der Maueröffnung überlagerte die bundesrepublikanische Parteienlandschaft die DDR und engte die Möglichkeiten autonomer Entwicklung in der DDR und der DDR immer weiter ein. Es kommt zur Umgruppierung in den Kräften und in den Forderungen der Akteure.

Die entstehenden neuen Mehrheiten hatten mit radikaler Demokratie, individueller Selbstentfaltung oder gar mit einem selbstbestimmten Sozialismus oder dritten Weg nichts mehr im Sinn.

Die Mehrheit der damaligen DDR-Bürger wollte die DM, und zwar möglichst schnell, aus ihrer Sicht eine durchaus verständliche Forderung. Die wirklichen Ursachen für diese Wende in der Wende liegen deshalb vor allem in der DDR selbst. In der DDR war nicht nur ein poststalinistisches Herrschaftssystem gestürzt worden. Es war gleichzeitig der Zusammenbruch eines ganzen gesellschaftlichen Systems, einer ganzen sozialen Ordnung, eines Wertesystems. Eine tiefe Identitätskrise der Menschen brach auf. Es entstand ein allgemeines Vakuum. Die Suche nach einem Ausweg aus diesem Vakuum und der sich weiter zuspitzenden ökonomischen Krise setzte ein. Und dann die plötzliche Öffnung der Mauer am 9. November 1989. Die praktische Vereinigung von unten, zwischen den Menschen begann. Millionenfache Begegnungen in kurzer Frist. Suche nach einem Ausweg in der DDR? Hier, in der Bundesrepublik, schien er doch zu liegen: ein funktionsfähiges Wirtschafts- und Gesellschaftsmodell. Das rettende Ufer ist so nahe! Warum also ein neues

Sozialismus-Experiment, wenn auch demokratisch und pluralistisch. Und warum sollte man sich selbst aus den Sumpf ziehen, wo doch die anderen - Helmut Kohl und die Bundesregierung - versprachen, es zu tun.

Neuer Sozialismus-Anfang - dies widersprach aber zutiefst auch den praktischen Erfahrungen der Menschen mit dem Sozialismus in der DDR. Und es gab in Europa keine andere sozialistische Alternative, die auch nur einigermaßen funktionierte. Die Krise der Perestroika von Michail Gorbatschow war offensichtlich.

In den Medien wurden gerade anhand der eigenen DDR-Geschichte stalinistische Verbrechen, die Machenschaften des Stasi, die Korruption, persönlichen Bereicherungen und Privilegien der SED-Führung aufgedeckt. Die Legitimitätskrise des politischen Systems war perfekt. Es gab außerdem keine markante, glaubwürdige politische Kraft, die die Führung für einen solchen neuen, eigenständigen Weg in der DDR hätte übernehmen können. Trotz der Weiterentwicklung der Bürgerrechtsgruppen und der neuen politischen Gruppierungen gab es für sie offensichtlich keine reale Chance mehr zur politischen Führung, zur geistigen Hegemonie oder gar zur Konstituierung neuer demokratischer politischer Machtverhältnisse. Die Massen entschieden sich gegen Bürgerbewegungen und sozialistische Reformkräfte: Keine neuen DDR- und schon gar nicht Sozialismus-Experimente, statt dessen Vereinigung mit der Bundesrepublik.

Die Krise des "Realsozialismus" ist allgemein. Vom administrativ-bürokratischen Sozialismustyp ist ein unmittelbarer Übergang zu einem demokratischen Sozialismus - den offensichtlich gegenwärtig niemand genau bestimmen kann - nicht möglich. Dies ist nicht nur eine DDR-Erfahrung, wenn man die Entwicklungen in Polen, Ungarn, der CSFR betrachtet und sich die weitere Entwicklung in anderen (noch-) realsozialistischen Ländern nüchtern vorstellt. Dabei ist "demokratischer Sozialismus" m. E. sowieso nicht mehr als Gesellschaftssystem vorstellbar, geschweige realisierbar, sondern als eine Seite einer breiten demokratischen, heterogenen Fortschrittsbewegung zur Lösung sozialer und demokratischer Fragen unserer Zeit; wirksam im Rahmen pluralistischer Strukturen und Gesellschaften. Die "realsozialistischen Systeme" sind grundlegend gescheitert, nicht "nur" ihre Handhabung oder konkrete Umsetzung.

Der demokratische Umbruch in der DDR hatte als eine demokratische Revolution begonnen. Er führte zu einer Umwälzung aller ökonomischen, politischen, ideologischen und gesellschaftlichen Strukturen. Er war wesentlich durch eine breite Volksbewegung erzwungen. Die Revolution trug "nachholenden" Charakter (J. Habermas), indem sie "zurückführte" zum demokratischen Rechtsstaat, zur Marktwirtschaft, zum pluralistischen politischen System, zu den individuellen Menschenrechten. Sie bringt keinen neuen Gesellschaftstyp hervor, aber sie weist zugleich innovative, eigenständige Züge auf. Erinnert sei an die Tätigkeit des "Runden Tisches" und seine Ergebnisse, an das spezifische Wirken der Bürgerbewegungen, an neue, selbstbestimmte Demokratieformen. Nach dem 9. November erhält der Umbruch in der DDR einen tiefen "Knick". Er tritt in die Phase der Adaption, d. h. der Anpassung an die wirtschaftlich, politischen und gesellschaftlichen Verhältnisse der Bundesrepublik. Der demokratische Umbruch trat damit nach dem 9. November auch in der Frage der deutschen Vereinigung in eine neue Phase.

DDR und deutscher Vereinigungsprozeß

Das war zunächst die Frage danach, wie bringt die DDR sich in den deutschen Einigungsprozeß ein? Wie erfolgt ihre Integration in das einheitliche Deutschland? Und die zweite Frage: Was bringt sie ein, was wird von ihr bleiben?

Von der ursprünglichen Idee eines organischen Zusammenwachsens beider deutscher Staaten und Gesellschaften ist wenig geblieben. Das rasante Tempo der Vereinigung und die tiefe Krise der ehemaligen DDR haben die Weichen gestellt in Richtung Beitritt der DDR zur Bundesrepublik und fast vollständiger Übernahme des westdeutschen Modells. Der in der jüngeren Geschichte bislang wohl einmalige Vorgang eines unmittelbaren "Zusammenführens" so gegensätzlich strukturierter Gesellschaftssysteme und des sofortigen Übergangs von der zentralistischen Planwirtschaft zur Marktwirtschaft hat zu den bisherigen auch neue Konflikte entstehen lassen: Zusammenbrüche großer Bereiche der Wirtschaft, der Landwirtschaft, schnell wachsende Arbeitslosigkeit, Entwertung bisheriger Qualifikationen, tiefe Umbrüche in den Lebenslagen und Gewohnheiten, neue soziale Differenzierungen. Ostdeutschland durchlebt zur Zeit eine schwierige Phase des Übergangs zur Marktwirtschaft. Anpassungs- und Übergangsmaßnahmen sind dringend erforderlich. Doch mittel- und längerfristig ist mit einem wirtschaftlichen Aufschwung und "sozialer Konsolidierung" zu rechnen.

Auch der Übergang von einer Diktatur zur Demokratie kann nicht reibungslos verlaufen. Vor allem darf es nicht noch einmal zu einer Verdrängung der Vergangenheit kommen. Ihre kritische Aufarbeitung ist für das einheitliche Deutschland ebenso notwendig wie für jeden einzelnen Menschen. Noch gibt es gerade hier einen großen Rückstand. Und schon verbreitet sich bei vielen ehemaligen DDR-Bürgern ein Gefühl, von einer Abhängigkeit in eine andere zu geraten. Ökonomische, soziale, kulturelle Konfliktpotentiale im neu entstehenden Deutschland sind in dieser Entwicklung angelegt. Das Problem ist nicht, daß es solche Konfliktpotentiale gibt, sondern wie man mit ihnen umgehen wird.

Doch Ostdeutschland hat nicht nur Probleme als Mitgift, es kann auch Neues in das künftige einheitliche Deutschland einbringen: Die Erfahrungen der Bürgerbewegungen, der demokratischen Volksbewegung, des "Runden Tisches" aller Parteien und Bewegungen, selbstbestimmte Demokratieformen, einen diskutablen Verfassungsentwurf, eine Reihe sozialer Rechte. Was davon wirklich bleibt, wird erst die Zukunft genauer zeigen. Es wird wesentlich abhängen von der Kraft der Bürgerbewegungen, von der Entwicklung einer kritischen Öffentlichkeit und von den entstehenden politisch-parlamentarischen Mehrheiten.

So eigentümlich es auch klingen mag, der Niedergang der DDR sollte zugleich als eine Chance der Deutschen-Ost und der Deutschen-West begriffen werden, gemeinsam etwas Neues zu gestalten, entsprechend den neuen nationalen und globalen Herausforderungen. Das führt uns zu der Frage:

Was für ein Deutschland wird entstehen?

Das bewegt verständlicherweise nicht nur uns Deutsche. Denn die deutsche Frage ist zugleich eine europäische Frage. Der deutsche Einigungsprozeß 1990 hat andere Voraussetzungen als 1871 und deshalb, denke und hoffe ich, auch ein anderes, progressiveres Ergebnis. Im Inneren wir nach Außen. Freilich wird dies kein Automatismus sein.

Die Bundesrepublik, ihr Wirtschaftsmodell, ihre Rechtsstaatlichkeit, ihre politische Kultur, ihre Integration in den Weltmarkt bilden die Grundlage des künftigen Deutschlands. Mit gutem Recht. Denn hier handelt es sich um Grundlagen moderner Gesellschaften. Die bürgerliche Gesellschaft hat sich als moderne, innovationsfähige und offene Gesellschaft der Gegenwart erwiesen; gerade angesichts des Zusammenbruchs der staatsbürokratischen Sozialismusmodelle.

Aber einerseits wird es sich beim künftigen Gesamtdeutschland nicht nur um eine größere Bundesrepublik handeln können. Denn auch die Bundesrepublik wird sich im Ergebnis des deutschen Vereinigungsprozesses verändern; verändern müssen. Allein schon wegen der Probleme aus der Vereinigung, die ganz anderer Art sind als vor dem in der alten Bundesrepublik. Und - wie gesagt - auch die DDR-Deutschen werden manch Ungewohntes, vielleicht auch manch Neues in Deutschland einbringen. Und es wird andererseits nicht nur um eine lineare Fortsetzung einer insgesamt erfolgreichen Entwicklung der Bundesrepublik gehen können. Soziale und demokratische Fragen, traditionelle und neue, bleiben bestehen. Es geht um eine soziale Gerechtigkeit, die sich nicht nur auf Verteilungsverhältnisse (Lohn entsprechend Leistung) bezieht, sondern die Chancen der Menschen für Bildung, Beruf, Gesundheit, individuelle Entfaltung, aber auch den sozialen Schutz kommender Generationen einschließt. Es geht um ein freies, selbstbestimmtes demokratisches Leben der Menschen, wo auch Politik nicht einfach verordnet und von "oben" gelenkt wird, sondern in einer breiten Volksbewegung der Mit- und Selbstbestimmung der Menschen wurzelt. Die Interesse des Individuums sollten dabei höher stehen als die einer Gruppe. Es geht um ein Gemeinwesen, in dem der Staat sich von einer Kraft, die die Gesellschaft beherrscht in ein Organ wandelt, das der Gesellschaft, ihren sozialen Gruppen und den einzelnen Menschen dient, in denen gesellschaftliche Organisationen mit umfassenden sozialen Rechten ausgestattet sind. Fortschritt bemißt sich heute besonders am Fortschritt der Zivilgesellschaft. Und auch die modernen Gesellschaften des Westens stehen vor neuen globalen Herausforderungen.

Das erfordert eine grundlegende Veränderung gesellschaftlicher Entwicklungsprinzipien und -strukturen in einem längerfristigen, komplexen und evolutionären Prozeß. Im Kern geht es um eine Trend- bzw. Tendenzwende in der Richtung und Qualität des Fortschritts, um die schrittweise Herausbildung eines neuen globalen Zivilisations- und Evolutionstyps. D. h. vor allem eine Entwicklung

- von internationaler Konfrontation, Expansion, militärischer Stärke und Abschreckung zu dauerhaftem Weltfrieden zwischen allen Völkern auf der Grundlage von Kooperation und Miteinander;
- vom ungebremsten Wirtschaftswachstum auf Kosten der Natur und des Lebens der nachfolgenden Generationen (die ökologische Katastrophe ist längst nicht mehr eine Frage "der Zukunft") zu einem "qualitativen Wachstum" und zum Frieden mit der Natur, zur Wiederherstellung des ökologischen Gleichgewichts;
- von der Anhäufung des Reichtums in wenigen entwickelten Industrieländern und der zunehmenden Ausbeutung und Unterentwicklung der Länder der Dritten und Vierten Welt zu einer neuen, gerech-

ten und solidarischen Weltwirtschaftsordnung;
- von sozialen Ausgrenzungen auch in den entwickelten Ländern zu einer ganzheitlichen sozialen Demokratie, zu mehr sozialer Gerechtigkeit,
- von patriarchalisch geprägten Herrschaftsstrukturen, Denk- und Verhaltensmustern zu gleichgestellten Geschlechterbeziehungen, zum gleichberechtigten Miteinander von Frau und Mann;
- von einer Demokratie mit (sehr notwendiger) starker Ausprägung ihrer parlamentarischen Formen und Institutionen zu einer Demokratie in der Einheit von parlamentarischer-, direkter- und Wirtschaftsdemokratie.

Steht Osteuropa vor dem (ungewissen) Übergang zur Moderne überhaupt, geht es in den bürgerlichen Gesellschaften um eine "Modernisierung moderner Gesellschaften", um eine neue Qualität der Moderne?

Das künftige Deutschland als ein wirtschaftlich starkes Land sollte sich dem bewußt stellen. Es sollte mithelfen, eine neue Entwicklungslogik der Menschheit zum Durchbruch zu verhelfen. Dies gilt zuerst für seine Rolle in Europa selbst. Es sollte dabei eine aktive Rolle spielen bei Schritten zur Abrüstung und der Schaffung einer neuen europäischen Sicherheitsordnung. Es könnte und müßte sein ökonomisches Potential und auch seine geographische Lage nutzen für eine positive Rolle bei der Einbeziehung Osteuropas in die europäische Integration und bei der Modernisierung der osteuropäischen Länder. Es sollte sich aktiv einschalten bei der Durchsetzung fortgeschrittener sozialer Sicherungssysteme, politisch-demokratischer Freiheiten und ökologischer Verantwortung in ganz Europa. Es kann dabei nicht um ein deutsches Europa, sondern um ein europäisches Deutschland gehen. Das neue Deutschland darf nicht auf Kosten der dritten Welt prosperieren, sondern muß sich für eine neue, gerechte Weltwirtschaftsordnung und für Möglichkeiten einer Selbstentwicklung dieser Länder einsetzen. Das neue Deutschland sollte deshalb ein föderalistisches, sozial verpflichtetes, ökologisch orientiertes, nach West und Ost, nach Nord und Süd kooperatives und friedliches Deutschland werden. Eine Herausforderung für alle, die nicht im Alleingang, sondern nur durch ein demokratisches Wirken der Bürger,

der demokratischen Bewegungen und politischen Parteien realisiert
werden kann. Die Frage nach der Perspektive der ehemaligen DDR ist
deshalb eng verbunden mit der Frage nach der Gestaltung des künftigen
Deutschlands im europäischen Rahmen.

Helmut Müller-Enbergs

Schritte auf dem Weg zur Demokratie: Die Rolle der Bürgerbewegungen in der Volkskammer

Am Anfang der im April 1990 gegründeten demokratischen DDR stand die Revolution des Herbstes 1989. Die Autorität und das Prestige der herrschenden Klasse der DDR, der SED-Führungsschicht, war im Herbst 1989 tiefgehend erschüttert; sie erlitt einen Legitimationsverlust. In Form der Bürgerbewegungen entstanden potentielle Träger, die mit konsensstiftenden Zielsetzungen eine Hunderttausende zählende Massenbasis gewannen. Sie artikulierten die anhaltend drückende Belastung der Menschen, die Angst vor den Folgen der wirtschaftlich und ökologisch miserablen Lage und das Bewußtsein über die Unhaltbarkeit und das Unrecht der Situation der DDR. Angesichts der Reformen in der UdSSR und der Solidarnosc in Polen schien sich eine Alternative in der DDR anzubieten. Die ersten großen öffentlichen Proteste anläßlich der 40-Jahresfeier der DDR signalisierten, daß die SED-Elite unsicher war und zeigte die Morbidität der "Gerontokratie" in der DDR. Sie vermochte am 7. Oktober 1989 SED-Elite, sie vermochte nur durch staatliche Übergriffe die Demonstrationen zu unterdrücken und setzte damit das Fanal zur Revolution. Die SED-Führung war unfähig, den Krisenerscheinungen rechtzeitig und wirkungsvoll zu begegnen; sie war nicht bereit, freiwillig ihre Machtpositionen und überkommenen Privilegien aufzugeben.

Im Rahmen der alten DDR-Verfassung erfolgte die friedliche Aufleh-

nung, geführt von den Bürgerbewegungen, die an Legitimität und Prestige gewannen und zunächst die Zustimmung breiter
Bevölkerungsschichten erwarben. Die Bürgerbewegungen waren es, die
über eine Vorstellung darüber verfügten, was die Bedingungen für den
revolutionären Umbau der Gesellschaft seien. Sie forderten die klassi-
schen demokratischen Grundrechte, die Aufgabe des Führungsanspru-
ches der SED, entwarfen das Verfahren der "Runden Tische", um mit
deren Hilfe die entscheidenden und tragenden Säulen des Staatsapparates zu übernehmen. Sie schalteten die gegenrevolutionären Aktionen
und Kräfte, vornehmlich die der Staatssicherheit, aus. Mit der Initiierung
der Runden Tische begann die Zerstörung der Regierungsmaschinerie,
der Massenmedien und der bürokratischen Apparate. Die Runden Tische leiteten eine Stabilisierung der DDR ein, ebenso die Reform der
Gesetzgebung. Als Höhepunkt ihrer Tätigkeit kann der Entwurf einer
neuen Verfassung gelten.

Damit hatten die Bürgerbewegungen die SED-Führung gestürzt sowie
einem gründlichen Wechsel in der Zusammensetzung der herrschenden
Schichten bahngebrochen; die überkommenen Herrschafts- und
Autoritätsverhältnisse wurden aufgehoben; der Umbau der politischen,
ökonomischen, kulturellen und sozialen Struktur wurde eingeleitet. Die
Herstellung einer neuen Verfassungsordnung und die Einführung eines
neuen Rechtssystems zur Stabilisierung sollte die neugewählte Volkskammer übernehmen.

Am 18. März 1990 traten 12,4 Millionen Menschen auf dem Territorium
der DDR zur ersten demokratischen Wahl seit fast sechzig Jahren an. 48
Prozent erhielt die konservative Allianz, 22 Prozent die Sozialdemokraten, 16 Prozent die Nachfolgepartei der SED, die PDS, 5 Prozent die Liberalen und 5 Prozent die Bürgerbewegungen, 2 Prozent die Bauernpartei. Zwei Drittel der Stimmen erhielten somit jene Parteien, deren politische Führungsgruppen bereits vor der Revolution zur herrschenden
Klasse in der DDR gehörten. Das veranlaßt viele, zu meinen, es habe in
der DDR keine Revolution gegeben. Dabei wird die Tatsache übersehen, daß es innerhalb der ehemals herrschenden Parteien ebenfalls zu
Umschichtungen gekommen ist; in ihren Reihen haben die nachdrän-

genden Exponenten die privilegierte Herrschaftsschicht in den Parteien abgelöst. Es wird auch übersehen, daß die christliche, liberale und sozialistische Partei sich programmatisch von der kommunistischen Herrschaftskonzeption gelöst und sich politisch modern erneuert haben. Das taten sie gewiß nicht freiwillig; sie mußten es tun, andernfalls hätte es ihren Untergang bedeutet. Schließlich wird übersehen, daß diese Parteien - mit Ausnahme der PDS - ihre westdeutschen Gegenstücke als führend akzeptierten. Für die Gesellschaft der DDR bedeutete dies einen fundamentalen Wandel der politischen Orientierung.

Warum aber schnitt die revolutionäre Führung, die Bürgerbewegungen, bei den Wahlen so schlecht ab? Die Bürgerbewegungen hatten Legitimität gewonnen und Teile ihrer Konzeption durchgesetzt. Als dies jedoch erreicht war, waren in der Bevölkerung Zielvorstellungen und Erwartungen entstanden, die die Bürgerbewegungen nicht mehr einlösen konnten und wollten, nämlich die direkte, unmittelbare Einbindung in den westdeutschen Staat. Diese Einbindung war Synonym für den Wunsch, den Wohlstand und die materiellen Möglichkeiten wie in Westdeutschland zu erreichen. Mit der Formulierung des Ziels der deutschen Einheit fand die Revolution in der Revolution statt, und in deren Folge wurden die revolutionären Eliten ausgetauscht. Das Ergebnis der Volkskammerwahl dokumentiert dies. Die Bürgerbewegungen stellten sich auf die neue Situation ein und wurden zum Gewissen der DDR, da sie die sozialen und politischen Rechte der Menschen in der DDR gesichert wissen wollten, während die neue Elite versprach, diese durch die Angliederung an den westdeutschen Staat zu gewinnen.

Am 5. April 1990 konstituierte sich die erste demokratische Volkskammer der DDR. Sie bildete eine konservativ, liberale und sozialdemokratische Koalitions-Regierung, die Bürgerbewegungen gehörten zur Opposition. Die ersten beiden Erklärungen der Volkskammer, die von allen Fraktionen getragen wurden, waren erstens das Bekenntnis "zur Verantwortung der Deutschen in der DDR für ihre Geschichte und ihre Zukunft" und zweitens, daß die Abgeordneten "neben der Legitimation durch freie Wahlen vor allem das Vertrauen der Bevölkerung" benötigen, in dem die Bürger der DDR wissen sollten, "daß ihre Abgeordneten nicht durch die Schatten der Vergangenheit gelähmt oder durch immer wieder aufkommende Anschuldigungen erpreßt werden können."[1] Es sei, so wurde beschlossen, jedem Abgeordneten der Volkskammer der Rücktritt zu empfehlen, der in irgendeiner Form für die Staatssicherheit gearbeitet habe. Der entscheidende Dissens entstand über die Frage einer eigenen Verfassung. Einer der Sprecher der Bürgerbewegungen und Vizepräsident der Volkskammer, Dr. Wolfgang Ullmann, sagte dazu: "Wir stehen hier, hergekommen aus der Opposition gegen eine wirklichkeitsblinde Parteidiktatur. Wir rufen Sie, Sie alle als demokratische Opposition der Bürgerbewegungen dieses Landes zur Opposition gegen alles, was uns hindern will, uns selbst die Verfassung zu geben."[2]

Wie in jeder modernen Revolution nimmt die Frage der Verfassung einen hohen Stellenwert ein. Von zentraler Bedeutung war die Verfassungsdiskussion, weil in der DDR die Verfassung Instrument der Herrschaftssicherung einer Partei war und jedes Arbeiten mit dieser Verfassung zur Folge hatte, daß sie bei jedem Gesetzesantrag zuvor verändert werden mußte. Eine weitere Folge des Fortwirkens mit der alten Verfassung wäre gewesen, daß durch den Austausch von Verfassungsbausteinen rechtsfreie Räume entstehen würde. Die Schaffung einer neuen Verfassung war somit nicht nur eine Frage der Vollendung der Revolution, sondern auch Vorbedingung für die Sicherung des Transformationsprozesses in der DDR auf dem Wege zur deutschen Einheit.

Auf nachdrückliches Drängen der Bürgerbewegungen war am 7. Dezember 1989 auf der ersten Sitzung des Runden Tisches eine Arbeitsgruppe gebildet worden, die den Entwurf einer neuen Verfassung der DDR ausarbeiten sollte. Am 12. März 1990, während der letzten Sitzung des Runden Tisches, wurde ein Teil des Verfassungsentwurfes vorgestellt. Die Arbeitsgruppe erhielt den Auftrag, den Gesamtentwurf im April der Öffentlichkeit zur Diskussion zu übergeben.[3] Der neuzubildenden

---

1   Stenographische Niederschrift der 2. Tagung der DDR-Volkskammer, 12. April 1990, S. 24f und S. 27f.
2   Stenographische Niederschrift der 2. Tagung der DDR-Volkskammer, 12. April 1990, S. 25.
3   Der Verfassungsentwurf des Runden Tisches wurde am 18. April 1990 im

Volkskammer wurde empfohlen, zur Auswertung der öffentlichen Diskussion die Arbeitsgruppe in die Tätigkeit des neuzubildenden Verfassungsausschusses einzubeziehen, einen Volksentscheid über die neue Verfassung am 17. Juni 1990 herbeizuführen und sich für den Fall der Bildung einer gesamtdeutschen verfassungsgebenden Versammlung dafür einzusetzen, daß der Entwurf des Runden Tisches Bestandteil der Diskussion wird.[4]

Somit lag der Volkskammer ein Entwurf für eine neue Verfassung vor, um die alte, die Herrschaft der SED sichernde Verfassung abzulösen. Die Diskussion um eine neue Verfassung war theoretisch für die Bundesrepublik Deutschland ebenfalls notwendig, denn ihr Grundgesetz von 1949 galt ausdrücklich nur bis zur Schaffung eines gesamtdeutschen Staates.[5] Dennoch verstand sich der Verfassungsentwurf "nicht als Alternative zum Grundgesetz. In erster Linie ist er eine problembewußte Fortschreibung seiner vor allem durch die Rechtsprechung des Bundesverfassungsgerichts und durch die Verfassungsrechtslehre entfalteteten demokratischen, rechts-, sozial- und bundesstaatlichen Möglichkeiten; in einigen Teilen ist er durchaus als Antwort auf Defizite und Fehlentwicklungen des Grundgesetzes zu verstehen. (...) Ihr durchgängiges Charakteristikum dürfte wohl darin liegen, daß sie konsequenter als das Grundgesetz nicht nur als Staats-, sondern als Gesellschaftsverfassung konzipiert ist."[6]

"Neuen Deutschland" abgedruckt.

4   Vgl. Helmut Herles/Ewald Rose, Vom Runden Tisch zum Parlament, Bonn 1990, S. 301.

5   Vgl. Dieter Hesselberger, Das Grundgesetz. Kommentar für die politische Bildung, 5. Aufl., Neuwied 1988; im Artikel 146 des Grundgesetzes heißt es zur Geltungsdauer: "Dieses Grundgesetz verliert seine Gültigkeit an dem Tage, an dem eine Verfassung in Kraft tritt, die von dem deutschen Volke in freier Entscheidung beschlossen worden ist.", ebenda, S. 341.

6   Vgl. Ulrich K. Preuß, Auf der Suche nach der Zivilgesellschaft. Der Verfassungsentwurf des Runden Tisches, in: Frankfurter Allgemeine Zeitung, Nr. 99 vom 28. April 1990; weiter heißt es darin: "In der Präambel proklamiert nicht das Volk, also ein apriorische Einheit, seinen Willen zur Verfassung, sondern die Bürgerinnen und Bürger der Deutschen Demokratischen Republik erklären sich zum verfassungsgebenden Subjekt. Die Verfassung wird nicht als die autoritative Satzung eines Souverän, sondern als ein wechselseitiges Versprechen von

Die Diskussion um eine Verfassung gehört in modernen Staaten zu den großen Augenblicken, ihre Verabschiedung und Diskussion verläuft im allgemeinen in einem repräsentativen und in einem würdigen Rahmen. Nicht so in der DDR. In einer parlamentarischen Stunde (Aktuelle Stunde), in der gewöhnlich politisch aktuelle Fragen diskutiert, aber in der keine Beschlüsse gefaßt werden, wurde - von den Bürgerbewegungen gefordert - der Verfassungsentwurf des Runden Tisches diskutiert. Dieser Rahmen mußte überraschen, denn die Regierungsparteien hatten in ihrem Koalitionsvertrag beschlossen: "Bei der weiteren Gestaltung der Verfassung tritt die Koalition für Übergangsregelungen ein, die sowohl die Verfassung (der DDR - dV) als auch den Verfassungsentwurf des Runden Tisches berücksichtigen."[7] Auch eine westdeutsche Meinungsumfrage der DDR-Bürger ergab, daß 42 Prozent für eine neue DDR-Verfassung, 38 Prozent für eine neue deutsche Verfassung und 9 Prozent für die Übernahme des westdeutschen Grundgesetzes seien.

Für die Bürgerbewegungen begründete Gerd Poppe die Notwendigkeit einer neuen DDR-Verfassung. Dabei benannte er zwei Hauptgründe. Erstens: Die Einheit Deutschlands sollte "auf keinen Fall von der demokratischen Selbstkontrolle der Gesellschaft getrennt werden. Die vom Volk sich selbst gegebene Verfassung, die bewußte und gleichberechtigte Teilnahme am Verfahren der Verfassungsgebung schafft erst die hohe Legitimität und Verbindlichkeit, die die Grundlage für eine nationale Identität bilden können." Zweitens: "Die Verfassung schafft erst die Grundlage für den auf der Volkssouveränität beruhenden Rechtsstaat. Erst sie begründet eine ausreichende Legitimität für die Arbeit des Parlaments. (...) Sie (die Volkskammerabgeordneten - dV) haben bereits in den beiden ersten Plenartagungen feststellen können (...), daß die gesetzgeberische Arbeit erheblich durch die wöchentlich notwendigen Verfassungsänderungen belastet wird."

In der Diskussion über eine neue DDR-Verfassung formulierte die kon-

---

Bürgern konzipiert, die sich dadurch zur Zivilgesellschaft konstituieren und deren Lebensform die Verfassung sein soll."

7 Vgl. Stenographische Niederschrift der 3. Tagung der DDR-Volkskammer, 19. April 1990, S. 57.

servative Abgeordnete Brigitta Charlotte Kögler die Ansicht der Mehrheit der Abgeordneten, wenn sie ausführte: "Der schnelle Weg zur deutschen Einheit ist das, was wir unserem Volk schuldig sind. Das bedeutet, daß wir uns in den nächsten Wochen auf die Übergangsregelungen konzentrieren werden"; eine neue Verfassung sei deshalb nicht notwendig. Der konservative Politiker Jürgen Schwarz fand, daß die Mühe und der Aufwand für eine neue Verfassung ungerechtfertigt seien. Die Sozialdemokraten äußerten sich uneinheitlich, die Liberalen sahen keinen Bedarf.[8]

Für die Bürgerbewegungen nahm nach diesen deprimierenden Stellungnahmen Werner Schulz das Wort und stellte fest: Die Debatte offenbare "das jeder revolutionären Freiheits- und Demokratiebewegung bekannte Schicksal der Gegenreaktion. (...) Wir (laufen) Gefahr, die Möglichkeiten einer zunächst selbstgestalteten Demokratie und Rechtsstaatlichkeit im Hauruck zur deutschen Einheit zu verschenken. Aber die Art, in der sich die Vereinigung vollzieht, wird über die demokratische Reife der Deutschen wesentlich mehr aussagen als alle Beteuerungen über die endgültige und unwiderrufliche Einbindung in die Familie der europäischen Verfassungsstaaten." Schulz sollte recht behalten, denn der konservative Abgeordnete Schwarz hatte den Bürgerbewegungen zugerufen: "Begnügen Sie sich endlich mit dem Platz, der Ihnen (...) zusteht."

Die Diskussion um die neue DDR-Verfassung war damit für diesen Tag abgeschlossen. Die Präsidentin der Volkskammer, Sabine Bergmann-Pohl, beendete sie mit den Worten: "Ich danke den Abgeordneten, die hier das Wort genommen haben. (...) und wünsche Ihnen einen schönen Nachmittag." Am 26. April unternahmen die Bürgerbewegungen einen neuen Vorstoß. Sie stellten den Antrag, es möge eine Volksabstimmung in der DDR über eine neue Verfassung stattfinden, denn, so führte Wolfgang Ullmann aus, "es muß der Zustand so schnell wie möglich beendet werden, daß das Parlament, mühsam von Verfassungsänderung

---

8 Für die Sozialdemokraten sprachen Schröder und Seils; Schröder sprach sich für das "Bausteinprinzip" aus, indem einzelne Bausteine der alten Verfassung ausgetauscht werden sollen, zum Teil durch Bausteine des Verfassungsentwurfes; hingegen sprach sich Seils für die neue Verfassung aus. Für die Liberalen begrün-

zu Verfassungsänderung stolpernd, sich immer neu den Weg zur Freiheit der gesetzgeberischen Arbeit freischaufeln muß."[9] Doch die Bürgerbewegungen mochten nicht zu überzeugen; selbst die Überweisung in einen Ausschuß wurde abgelehnt. Der PDS-Abgeordnete Prof. Dr. Uwe-Jens Heuer kommentierte dies mit den Worten: "Meine Herren, Sie kastrieren sich selbst als Parlament."

Das Ergebnis der Volkskammerwahl und ihr Scheitern in der Diskussion über eine neue Verfassung nötigten die Bürgerbewegungen zu einer Neudefinition ihrer Aufgaben. Sie mußten Sorge dafür tragen, daß die sozialen und demokratischen Rechte der DDR-Bürger angesichts des hier bereits deutlich gewordenen Einigungstempos der DDR-Regierungskoalition geschützt werden. Das Einklagen von Demokratie in der Volkskammer gehörte ebenso dazu: Als die Minister bestimmt werden sollten, strebten die Bürgerbewegungen erfolglos die Wählbarkeit der Minister durch die Volkskammer ein; sie waren es, die darauf hinwiesen, daß Vertreter des alten Regimes mit Ministeraufgaben vertraut werden sollten[10]; sie waren es, die auf Verfahrensfehler im Parlament aufmerksam machen mußten.

Am 6. Mai 1990 fanden in der DDR Kommunalwahlen statt. Sie fanden zu einem Zeitpunkt statt, als es keine demokratische Kommunalverfassung und keine Gemeindeordnung gab und die kommunale Selbstverwaltung über keine rechtliche Grundlage verfügte. Dies war ein konkreter Ausdruck des Wunsches der DDR-Regierung und eines erheblichen Anteils in der Bevölkerung, möglichst bald die deutsche Einheit zu erreichen. Das Wahlergebnis muß auch diesbezüglich als Bewertung der Wähler über die Arbeit der Volkskammer verstanden werden. Die konservativen Parteien mußten Stimmenverluste von durchschnittlich fünf Prozent hinnehmen, die sozialdemokratische Partei konnte ihr Ergebnis von rund 22 Prozent halten, ebenso die PDS. Die Liberalen und die Bauernpartei konnten Stimmengewinne verbuchen. Die Bür-

---

dete Ortleb den Standpunkt. Vgl. ebenda, S. 53f und 55ff.

9 Vgl. Stenographische Niederschrift der 5. Tagung der DDR-Volkskammer, 26. April 1990, S. 123f.

10 Vgl. Stenographische Niederschrift der 2. Tagung der DDR-Volkskammer, 12.

gerbewegungen konnten erstaunliche Gewinne erzielen. Im DDR-Durchschnitt hatten sie ein Ergebnis von etwa 6-7 Prozent.[11] Dieses Wahlergebnis zeigte, daß die Bürgerbewegungen in der Bevölkerung durchaus einen Rückhalt hatten und es zeigte sich auch, daß die konservativen Parteien, auch wenn sie einen Dämpfer erhalten hatten, nach wie vor am ehesten die Stimmung in der Bevölkerung verkörperten.

Ein deutlicher Markstein auf dem Weg der Vereinigung der beiden deutschen Staaten stellte der Vertrag zur Schaffung der Währungs-, Wirtschafts- und Sozialunion dar. Die Volkskammer beschäftigte sich erstmalig am 10. Mai mit dem Thema, weil die PDS eine Aktuelle Stunde dazu gefordert hatte, um Licht in die "Geheimdiplomatie" zu bringen.[12] Auf der nächsten Sitzung fand die erste Lesung des Vertrages statt. Dieser Vertrag bedeutete den schnellen Weg zur staatlichen Einheit Deutschlands. Dies insbesondere deshalb, weil bereits in der Präambel vereinbart wird, daß die Einheit auf dem Wege des Beitritts der DDR zum Bund nach Artikel 23 des Grundgesetzes hergestellt werden solle. Mit den darin enthaltenen Grundsätzen für die Währungs-, Wirtschafts- und Sozialunion zum 1. Juli 1990 werden die Voraussetzungen dazu geschaffen. Mit dem 1. Juli 1990 sollte die DM die Mark der DDR ersetzen.

Welche Stellung nahmen dazu die Bürgerbewegungen ein? Für sie sprach Prof. Dr. Jens Reich. Er lehnte den Vertrag aus "schwerwiegenden verfassungsrechtlichen, politischen und wirtschaftlichen Bedenken und wegen der schweren sozialen Auswirkungen ab." Denn "der Vertrag bedeutet einen kalten Schock für das Wirtschaftssystem mit Massenkonkursen und Massenarbeitslosigkeit ohne hinreichendes soziales Netz", auch weil "der Vertrag (...) Produktivvermögen und Grund und Boden" des Landes verschleudere. "Der Vertrag", so führte er weiter aus, "übergibt die Staatshoheit für Wirtschafts- und

---

April 1990, S. 29 und 31f.

11 Demokratie Jetzt, 2. Jg. (1990), Nr. 31, S. 1.

12 Vgl. Stenographische Niederschrift der 6. Tagung der DDR-Volkskammer, 10. Mai 1990, S. 177ff.

Währungsentscheidungen an Bundesregierung, Bundesbank und andere Bundesbehörden ab, ohne daß die zugehörigen Mitwirkungsrechte einklagbar fixiert werden." "Die Bedingungen des Vertrages führen dazu, daß die Umstrukturierung der Wirtschaft die kritische Geschwindigkeit überschreiten wird und es zu massenhaftem Wirtschaftszusammenbruch ganzer Regionen kommt, der auch nicht mit Abfederung und Anschubfinanzierung aus dem Westen aufgefangen werden kann."[13]

Der Vertrag zur Währungs-, Wirtschafts- und Sozialunion wurde verabschiedet. Den ernsten Bedenken der Bürgerbewegungen wurde nicht Rechnung getragen, das Verlangen, so schnell wie möglich die Einheit Deutschlands zu erzielen, war größer. Die Folgen traten bald zutage: Im Juli 1990 nahm die Arbeitslosigkeit und Kurzarbeit beschleunigt zu. Bis Ende Juli wurden über 800.000 Kurzarbeiter registriert; im September waren es bereits 1,7 Millionen. In 6.000 Betrieben wurde im Juli 1990 Kurzarbeit eingeführt, im September waren es bereits 20.000. Dies betraf vor allen Dingen die Textil- und Bekleidungsindustrie, Elektronik sowie Land-, Forst- und Fischereiwirtschaft. Im Juli gab es auf dem Territorium der DDR Regionen, wo jeder vierte arbeitslos ist[14]. "Mit der Umstellung der Löhne und Gehälter im Verhältnis von 1:1 und der Einführung des Steuer- und Sozialabgabesystems der BRD blieb das Bruttoeinkommen je Beschäftigten im wesentlichen unverändert. Demgegenüber muß infolge des Steuer- und Sozialabgabesystems der BRD sowie der sprunghaften Erhöhung der Arbeitslosen und Kurzarbeiter mit einer durchschnittlichen Verringerung des Nettoeinkommens je Beschäftigten, insbesondere bei Arbeitslosen und Kurzarbeitern um 35%, gerechnet werden." Dagegen wirken die Brutto-Lohnerhöhungen für lediglich 4 Millionen Arbeitnehmer von 200 bis 300,- DM nur geringfügig gegenläufig. Die Industrieproduktion ging um 7 Prozent zurück. Die Preissteigerungen für die Lebenshaltung der Menschen stieg durchschnittlich über 100%, in Einzelfällen auf bis 150%. Die Lebenshaltungskosten stiegen

---

13 Stenographische Niederschrift der 8. Tagung der DDR-Volkskammer, 21. Mai 1990, S. 225ff.
14 Beispielsweise: Annaberg 22,1,%, Riesa 20,3%, Oschatz 19%, Plauen 16,8%, Neuruppin 28,7%, Gera 23,6%, Suhl 17,3%. Entnommen aus: MW-Information. Der Minister für Wirtschaft, Zum Wirtschaftsablauf in der Deutschen Demokratischen Republik, Berlin August 1990, S. 15f.

somit, je nach Haushaltsgröße, zwischen 5 und 8%.

Diese Entwicklung hatte wohl niemand gewünscht. Das Vertrauen in die Volkskammer schwand bei der Bevölkerung. Es mehrten sich Bombendrohungen, Beschimpfungen, Morddrohungen usw. Es fanden Demonstrationen, Streiks, ja sogar ein Hungerstreik der Kalibergarbeiter statt. Die Empörung war vor allem Ausdruck der sozialen Verschlechterung und der unsicheren Arbeitslage. Die Bürgerbewegungen gehörten zu denen, die entschieden vor dieser Entwicklung gewarnt hatten, sie waren das Gewissen der DDR-Bevölkerung, und zugleich jene, die dafür gekämpft hatten, Schaden von der Bevölkerung abzuwenden. Erst nachdem die deprimierenden Ergebnisse sichtbar wurden, mußten Reparaturmaßnahmen getroffen werden.

Diese Erfahrung beschleunigte den Vereinigungswillen bei der Regierungskoalition. Waren die vorgezogenen Volkskammer- und Kommunalwahlen sowie der Vertrag zur Währungs-, Wirtschafts- und Sozialunion Ausdruck davon, so setzte die konservative Partei "Deutsche Soziale Union" am 17. Juni 1990 neue Maßstäbe: sie forderte an diesem Tag den sofortigen Beitritt zur BRD. In der Fraktion der Bürgerbewegungen gab es dazu eine geteilte Ansicht. Einerseits meinte man, daß angesichts der verheerenden sozialen Folgen nur ein sehr schneller Anschluß das richtige sei[15] und andererseits wurde die mehrheitliche Auffassung vertreten, man wolle "die deutsche Einheit nicht als Kaiserschnitt in Narkose erleben", denn eine sofortige Einheit ohne eine Reihe von Vorbedingungen sei nicht möglich. Dazu gehören Fragen wie die Definition des Sicherheits- und militärischen Status des zukünftigen Deutschlands, die Sicherung der polnischen Westgrenze, die föderale Struktur Deutschlands, also die Länderbildung usw. Daraus folge: "wir sind nicht bereit, als Blankoscheck den beiden deutschen Regierungen die Durchsetzung dieser Prämissen zu übergeben. Wir wollen als Parlament daran teilnehmen und vor jeder Vereinigung das Kleingedruckte sehen."

---

15 So Konrad Weiß, in: Stenographische Niederschrift der 15. Tagung der DDR-Volkskammer, 17. Juni 1990, S. 536f.

An diesem Tage konnte der sofortige Beitritt der DDR zur BRD noch nicht verwirklicht werden, doch die Warnungen der Bürgerbewegungen lassen klar erkennen: das Tempo des Einheitswillen hatte so erheblich zugenommen, daß selbst minimalste Anforderungen von einigen Konservativen nicht mehr gestellt wurden.

"Die Bürgerbewegungen", schrieb Konrad Weiß, "gerieten nach ihrem Einzug ins Parlament in das Dilemma, die Politik der Einheit mittragen zu sollen, zugleich aber ihren Anspruch auf einen demokratischen und gleichberechtigten Vollzug der Einheit zu bewahren. Sie mußten den ersten Staatsvertrag ablehnen, weil voraussehbar war, daß das Konzept der Koalition nicht aufgehen würde. Ihre Mahnung, nicht den zweiten Schritt vor dem ersten zu tun, verhallte ungehört. Sie machten sich damit unpopulär unter der Bevölkerung, auch wenn sich heute erweist, daß sie recht gehabt haben. Die Enttäuschung über die Entwicklung nach dem 1. Juli führte dazu, daß nun in der DDR die Stimmung dabei ist umzuschlagen. Soziale Sorgen und Angst vor der Zukunft mindern bei vielen die Freude auf den Tag der Einigung."[16]

Am 22. August 1990 wurde in den späten Abendstunden auf einer Volkskammersitzung ein Antrag des Ministerpräsidenten auf die Tagesordnung gesetzt. Er beantragte den Beitritt der DDR zur BRD nach Artikel 23 des Grundgesetzes zum 3. Oktober 1990. Die Bürgerbewegungen fühlten sich dadurch "überrumpelt". Von den Bürgerbewegungen sprach Dr. Hans-Ulrich Meisel dazu: "Wir kennen das ja schon von dem 18. März, als viele meinten, danach wird alles besser. Dann haben alle darauf gehofft, daß mit dem Termin der Währungsunion, wenn wir ins kalte Wasser springen, alles gut wird, und nun japst unsere Wirtschaft, und genauso wird es mit dem Vereinigungstermin auch wieder kommen, weil wir nun einmal durch eine Talsohle durchmüssen, die kein bißchen kürzer oder flacher wird dadurch, daß wir Termine hin und her schieben. Vielmehr ist es so, daß die Probleme, die in unserem Land zur Zeit auf der Tagesordnung stehen, durch diese Regierung nicht gelöst, sondern verschärft wurden. (...) Die Regierung der DDR sollte keinen Grund ha-

---

16 Konrad Weiß, Bürgerbewegungen als Erinnerungsvereine an den deutschen

ben, sich so sang- und klanglos aus dem Amt zurückzuziehen. (...) Lassen Sie uns endlich zur Sacharbeit kommen" So schnell wie möglich die deutsche Einheit und so gut wie nötig darf eben nicht heißen, die Katze im Sack zu kaufen, sondern das muß heißen, das die wesentlichen Bedingungen abgeschlossen (...) sein müssen."[17] Auch diese Warnung konnte nicht überzeugen. Um drei Uhr morgens wurde mit Zwei-Drittel-Mehrheit der Beitritt zur BRD zum 3. Oktober 1990 beschlossen. Lediglich zwei von den zwanzig Mitgliedern der Fraktion der Bürgerbewegungen stimmten dem zu.

Wieder einmal waren die Bürgerbewegungen die Mahner, die darauf hinwiesen, daß die gewaltigen Probleme allein durch die Einheit Deutschlands nicht gelöst werden, sondern nur in einem behutsamen Anpassungsprozeß an die BRD. Dieses kritische Engagement sollte scheinbar nicht belohnt werden.

An der Diskussion über den zweiten Staatsvertrag brachte Christine Grabe die Enttäuschung der Bürgerbewegungen auf den Begriff: "Mit unglaublicher Mißachtung ist mit diesem Einigungsvertrag über Gesetze und eindeutige Empfehlungen, die dieses Parlament verabschiedet hat, hinweggegangen worden. Die wenigen positiven Ergebnisse, die Sonderregelungen für diesen Teil Deutschlands, mühevoll in den Ausschüssen erkämpft, sind zum Teil nun auch noch unter die Räder gekommen. (...) Es ist nur auf außerparlamentarischen Druck nachverhandelt worden. Aber was uns hier als Kompromiß gepriesen wird, ist kein Gesetz, sondern eine Empfehlung an das gesamtdeutsche Parlament." Sie kam zu dem Fazit: "Diese Arbeit hier war kein Erfolg, und ich bin froh, daß mir die Gelegenheit gegeben worden ist, außerparlamentarisch zu zeigen: Wir leben noch. Die Bürgerbewegungen müssen sich nur immer ihrer Kraft bewußt sein. Angst darf uns nicht wieder lähmen. Ich weiß nicht, ob wir (...) das Gewissen der Nation sind. Aber wir sind keinesfalls die Schlaftablette der Nation."

Herbst, in: Wochenzeitung Demokratie Jetzt, 2. Jg. (1990), Nr. 40, S. 3.
17 Stenographische Niederschrift der 30. Tagung der DDR-Volkskammer, 22. August 1990, S. 1378.

Zusammenfassend läßt sich feststellen: Im Herbst 1989 waren die Bürgerbewegungen die entscheidende Kraft in der Revolution; sie waren es, die maßgeblich den Runden Tisch erzwangen, das SED-Regime stürzten. Ihre ersten Ziele, Meinungs- und Versammlungsfreiheit, Presse- und Reisefreiheit, Demokratie und Rechtsstaatlichkeit, konnten sie alle erreichen. Bis dahin waren sie anerkannte Stimme der Bevölkerung, doch bereits bei der Volkskammerwahl waren sie das nicht mehr. Da formulierten die Konservativen die Sehnsüchte der Menschen: die deutsche Einheit, die sie in einem atemberaubenden Tempo anstrebten.

Es ist zu fragen, welche Perspektive haben die Bürgerbewegungen der ehemaligen DDR. Die Antwort auf diese Frage dürfte maßgeblich mit der weiteren ökonomischen Entwicklung dieses Territoriums Deutschlands zusammen hängen und der daraus entstehenden Konflikte. Die durch die ökonomisch desolate Lage ausgelösten Konflikte werden nicht von der SED-Nachfolgepartei PDS artikuliert und aufgefangen werden können, weil sie durch ihre Geschichte nahezu vollständig diskreditiert ist. Die konservative Partei stellt die Regierung und dürfte von daher zu den Kritisierten gehören und deshalb als Interessenverwalter ausfallen. Die liberale Partei versteht sich programmatisch nicht als Sachwalter der Arbeitsbevölkerung. Es bleiben als potentielle Vertreter die sozialdemokratische Partei, die Gewerkschaften und die Bürgerbewegungen. Es ist anzunehmen, daß diese drei Kräfte Unterstützung gewinnen werden und somit ihre Rolle innerhalb der ehemaligen DDR-Gesellschaft anwächst. Was die Bürgerbewegungen von den beiden anderen unterscheidet, ist, daß sie am ehesten glaubwürdig sind. Wessen Interessen sie vertreten hatten sie bereits in der Volkskammer bewiesen. Die Stärkung der Bürgerbewegungen durch die bestehende und sich noch verschärfende soziale Krise dürfte perspektivisch eine Möglichkeit sein.

Ian Wallace

Die Kulturpolitik der DDR 1971-1990

Die Kulturpolitik wurde von der SED von Anfang an als Instrument der sozialistischen Bewußtseinsbildung verstanden. Sie sollte also eine gesellschaftlich integrierende und nicht zuletzt machtsichernde Funktion wahrnehmen. In der Ära Honecker (1971-1989) kam die Tatsache hinzu, daß sich die DDR im Zuge der Entspannungspolitik und als Folge der damit einhergehenden weltweiten Anerkennung des zweiten deutschen Staates genötigt sah, sich dem Westen und damit auch der Bundesrepublik gegenüber zunehmend zu öffnen. Gleichzeitig wurde aber der inzwischen endgültig gescheiterte Versuch unternommen, sich als eigenständigen "sozialistischen deutschen Nationalstaat" darzustellen, was unter anderem zur 'Entdeutschung' der Verfassung und zur Umbenennung vieler (aber bei weitem nicht aller) Institutionen führte, die sich bisher als deutsch oder als zu Deutschland gehörend bezeichnet hatten.

Auch die Kulturpolitik sollte durch die Entwicklung bzw. Weiterentwicklung einer eigenständigen Nationalkultur der DDR der sogenannten Abgrenzung der Bundesrepublik gegenüber ihren Beitrag leisten, so zum Beispiel durch eine verstärkte Hinwendung zum kulturellen Erbe. Hier wurde die Möglichkeit gesehen, sich als "die einzig rechtmäßige Erbin aller fortschrittlichen geschichtlichen Leistungen und Traditionen" (Kurt Hager) zu präsentieren.

Die DDR also als ein Hort der Bewahrung und Pflege aller positiven Kulturwerte der deutschen Geschichte. Im Unterschied zu früher war man sogar bereit, auch in Zeiten des Absolutismus (beispielsweise in Preußen unter Friedrich dem Zweiten) solche Kulturwerte neben viel Reaktionärem zu entdecken, sie aufzuarbeiten und für die DDR 'nutzbar' zu machen.

Diese Entwicklungen wurden von dem Versuch begleitet, den sogenannten erweiterten Kulturbegriff einzuführen, der schon von Anfang der siebziger Jahre an bevorzugt wurde. Der weite, allumfassende Kulturbegriff setzt Kultur mit 'Lebensweise' bzw. mit der Gesamtheit der Lebensbedingungen, der materiellen und geistigen Werte, Ideen und Kenntnisse gleich. Ob man die Erweiterung des Kulturbegriffs über den engen Bereich der traditionellen Künste hinaus als aus marxistischer Sicht gerechtfertigt und notwendig betrachtet oder als eine bedauerliche Verwässerung, die zu einem diffusen, inflationistischen Umgang mit dem Wort Kultur führen kann bzw. muß - Tatsache bleibt, daß es trotz allen Theoretisierens bei Kulturschaffenden und Kritikern sowie im normalen Alltagsbegrauch gleichermaßen üblich ist, den Begriff Kultur vorwiegend im engeren, traditionellen Sinne zu verwenden, also als Sammelbegriff für die Künste.

Schaut man sich die Struktur des Ministeriums für Kultur in der Ära Honecker an, so läßt sich auch auf institutioneller Ebene feststellen, daß der Verantwortungsbereich des Ministeriums sich im wesentlichen auf die traditionellen Künste - schöngeistige Literatur (und überhaupt Bücher), Theater, bildende Kunst, Musik, Tanz - beschränkte. Andere Aspekte des weiten Kulturbegriffs, z.B. Bildung oder Umweltschutz, hatten mit dem Ministerium für Kultur nur indirekt etwas zu tun. Oder man lese die 1988 vom Institut für Marxistisch-Leninistische Kultur- und Kunstwissenschaft herausgegebene zweite Auflage des Buches Die SED und das kulturelle Erbe. Zwar wird hier mit Nachdruck behauptet, daß erst der als theoretische Überwindung einer überkommenen Kulturauffassung anzusehende erweiterte Kulturbegriff "eine realistische Betrachtung der Kulturgeschichte" (S. 371) ermögliche und deshalb auch in der Praxis unbedingt "durchzusetzen" (S. 480) wäre, aber der überwiegende

Teil des umfangreichen Kapitels über die Ära Honecker (d.h. 88 von 161 Seiten) befaßt sich trotzdem mit den Künsten im allgemeinen und mit der schöngeistigen Literatur insbesonderen.

Ohne die Bedeutung der Diskussion um den erweiterten Kulturbegriff in Zweifel zu ziehen, kann man die Meinung von Manfred Jäger nur teilen, wenn er in seinem Standardwerk über Kultur und Politik in der DDR von der Kulturpolitik sagt: "Der verständnisvolle oder rigide Umgang mit den Berufskünstlern aller Gattungen ist (...) immer mit Recht als Gradmesser der Beurteilung genommen worden." (S. 145) Mit anderen Worten: im oft kontroversen Umgang mit Berufskünstlern läßt sich am augenfälligsten zeigen, wie wenig identisch die alles lenken- und planen-wollende Kulturpolitik einerseits und die tatsächliche Kulturgeschichte der DDR andererseits waren.

Dies gilt auch für die Ära Honecker. Dabei schien die Partei beim Machtwechsel von Ulbricht zu Honecker willens, nicht zuletzt auch in der Kulturpolitik neue Wege zu gehen. Man hatte sich offensichtlich zur Einsicht durchgerungen, daß Konflikte mit Kulturschaffenden, wie zum Beispiel auf dem unvergessenen elften Plenum des ZK der SED im Dezember 1965, auf die Dauer nicht im Interesse der Partei sein konnten. Honecker war bereit, einen neuen Führungsstil in der Kulturpolitik versuchsweise zu wagen. Es sollte auf die alte Gängelei und Bevormundung nach Ulbricht'schem Muster verzichtet werden. Stattdessen waren allgemeine Richtlinien vorzugeben, die den Kulturschaffenden mehr Spielraum lassen sollten, allerdings ohne an der Führungsrolle der Partei zu rütteln. Schon im Dezember 1971 setzte Honecker ein wichtiges Signal mit einer langen Rede, in der zwei kurze Sätze besonderes Aufsehen erregten: "Wenn man von der festen Position des Sozialismus ausgeht, kann es meines Erachtens auf dem Gebiet von Kunst und Literatur keine Tabus geben. Das betrifft sowohl die Fragen der inhaltlichen Gestaltung als auch des Stils - kurz gesagt: die Fragen dessen, was man die künstlerische Meisterschaft nennt." Wie war die Floskel "meines Erachtens" zu verstehen? Als Beweis für die Bescheidenheit des neuen Parteichefs? Oder für seine Bereitschaft zum Dialog? Oder aber als Zeichen, daß nicht alle Kollegen in der Parteiführung seine Meinung teilten?

Oder sollte vielleicht auf diese Weise sehr bewußt auf den "Testcharakter der modifizierten Leitungstätigkeit" (Jäger, 136) aufmerksam gemacht werden?

Wie dem auch sei: man wollte offensichtlich trotz Honeckers unerfreulicher Rolle auf dem elften Plenum an den guten Willen des neuen Mannes glauben, an seine Bereitschaft, auf die alten, auch von ihm mitgetragenen aber heute diskreditierten Methoden der Ära Ulbricht zu verzichten und auch im Kulturbereich eine neue Politik zu entwickeln.

Die Jahre 1971-1976 waren in der Tat Jahre der Hoffnung, in denen ein sachlicherer, von zunehmendem gegenseitigem Vertrauen gekennzeichneter Umgang zwischen Künstlern und Parteifunktionären zumindest teilweise möglich schien. Ehemals verbotene Bücher durften jetzt erscheinen - so drei Bücher von Stefan Heym (Die Schmähschrift, Lassalle, und Der König David Bericht) sowie Hermann Kants Roman Das Impressum. Volker Brauns Theaterstück Die Kipper erlebte endlich seine Uraufführung, und sein Text Unvollendete Geschichte konnte - auch nach einigem Zögern - in Sinn und Form erscheinen. In derselben Zeitschrift löste der Lyriker Adolf Endler eine heftige Diskussion aus mit seinem Angriff auf die sich als 'Leitungswissenschaft' verstehende Germanistik in der DDR - "eine dürre Gouvernante" (so Endler), die den blühenden Garten der DDR-Lyrik beschimpfe. Noch mehr Resonanz fand die Diskussion in Sinn und Form um Plenzdorfs umstrittenen Publikumserfolg Die neuen Leiden des jungen W. ("ursprünglich für die Schublade geschrieben", wie Plenzdorf selbst formulierte). Auf den in diesem Zeitraum stattfindenden Kongressen der Künstlerverbände herrschte insgesamt eine offene, kritikfreudige Atmosphäre, in der im Rahmen der neuen, toleranteren Kulturpolitik Gegensätze und Konflikte zumindest beim Namen genannt werden konnten. Aber letztendlich sollten die Künstler, die auf Honeckers Tabus-Rede mit pragmatischer, abwartender Vorsicht reagierten und nicht bereit waren, Worte mit Taten zu verwechseln, recht behalten.

Eine genauere, skeptische Analyse der Rede hätte auch zu gedämpfteren, realistischeren Erwartungen geführt. Denn ein weiterer Passus, der in der Diskussion viel zu wenig berücksichtigt wurde, machte sehr deutlich, was unter der von Honecker angesprochenen "Position des Sozialismus" und der "künstlerischen Meisterschaft" zu verstehen war: "Künstlerische Meisterschaft zu erlangen erfordert in erster Linie Klarheit über die Rolle der Kunst in den geistigen Auseinandersetzungen der Gegenwart - von der Position des Sozialismus und des unerbittlichen ideologischen Klassenkampfes mit dem Imperialismus." Bei aller "Feinfühligkeit" den Künstlern gegenüber durften also "keine Konzessionen an Anschauungen [gemacht werden], die unserer Ideologie fremd sind." Die Partei war mit anderen Worten durchaus daran interessiert, eine bessere Vertrauensbasis mit den Künstlern herzustellen, allerdings unter der Bedingung, daß diese Verantwortungsbewußtsein zeigten - will sagen: daß sie sich davor scheuten, die Ideologie der Partei in Frage zu stellen. Angesichts dieser Einladung zur Selbstzensur war der Konflikt geradezu vorprogrammiert, denn viele Künstler wollten sich die Möglichkeit nicht mehr nehmen lassen, die in Aussicht gestellten und zum Teil auch real gewordenen Freiheiten wahrzunehmen.

Mit überraschender Heftigkeit begann im Herbst 1976 eine neue, finstere Phase in der Kulturpolitik Honeckers. Hier wurde den großen Erwartungen, die aus der neuen Politik erwachsen waren, ein abruptes Ende gesetzt. Erstens wurde Reiner Kunze, der seit 1968 wegen seines Protestes gegen die Unterdrückung des Prager Frühlings der Partei ein Dorn im Auge gewesen war, am 29. Oktober nach dem Erscheinen seines Kurzprosabandes Die wunderbaren Jahre in der Bundesrepublik aus dem Schriftstellerverband ausgeschlossen. Keine drei Wochen später kam ein zweiter, noch größerer Eklat. Am 16. November wurde dem Liedermacher Wolf Biermann kurz nach Antreten einer von der Partei überraschend genehmigten Konzerttournee durch die Bundesrepublik "das Recht auf weiteren Aufenthalt in der Deutschen Demokratischen Republik entzogen" und die Staatsbürgerschaft der DDR aberkannt.

Die Ausbürgerung war offensichtlich als Mittel gedacht, aufmüpfige Intellektuelle abzuschrecken und auf diese Weise zur Entschärfung des Konfliktes im kulturellen Bereich beizutragen - eine gravierende Fehlkalkulation, wie sich bald zeigen sollte. Allerdings bleibt trotz starker Vermutungen bis heute ungeklärt, ob diese Entscheidung als Folge des ersten Konzerts in Köln zu bewerten ist, wo Biermann sein Land prinzipiell verteidigt hat - allerdings ohne seine zum Teil sehr scharfe Kritik an bestimmten Einzelerscheinungen zu verheimlichen, oder ob sie schon vor seiner Westreise gefallen war, die nach dieser Interpretation als eine Falle zu sehen wäre, in die Biermann in der Tat unwissend geraten war.

Andererseits hatte die Ausbürgerung ganz eindeutig kaum vorauszusehende, für die Zukunft der Kulturpolitik um so schwerwiegendere Folgen. Gemeint ist hier vor allem die ungewöhnlich solidarische Reaktion in weiten Kreisen der Intelligenz auf die von Kurt Hager als "reinigendes Gewitter" apostrophierte Ausbürgerung. Elf bekannte Autoren und der Bildhauer Fritz Cremer richteten einen allerdings nur im Westen veröffentlichten Protestbrief an Erich Honecker, dem sich in den folgenden Tagen viele andere Intellektuelle anschlossen.

Die Folgen blieben nicht aus: Ausschlüsse, Parteistrafen, Publikationsverbote, Gegenerklärungen seitens linientreuer Mitglieder der Intelligenz. Hier wurden dem Verhältnis zwischen Partei und führenden Intellektuellen Wunden zugefügt, die nie mehr heilen sollten. Dazu noch rief dieser Konflikt eine neue, für die DDR fatale kulturpolitische Maßnahme ins Leben - die Entscheidung nämlich, mißliebige Kulturschaffende in die Bundesrepublik freiwillig-gezwungen ausreisen zu lassen, in der Hoffnung, auf diese Weise für Ruhe im kulturellen Bereich zu sorgen. Was Christoph Hein später "die stalinistische Reinigung der DDR" nennen sollte, hatte viele Opfer: Reiner Kunze, Sarah Kirsch, Günter Kunert, Hans-Joachim Schädlich, Erich Loest, Karl-Heinz Jakobs, Stefan Schütz müssen hier für viele stehen.

Nur wenige hielten dem Druck der SED stand - so Stefan Heym und Robert Havemann, zwei alte Gegner bornierter Parteifunktionäre, die 1979 nochmals ins Visier genommen wurden. Hier ließ sich die Partei eine neue Taktik einfallen. Havemann und Heym hatten Bücher in der Bundesrepublik veröffentlicht, ohne diese vorher dem Büro für Urheberrechte - nach Heym "dem verlängerten Arm der Zensur" - zur Genehmigung vorgelegt zu haben. An ihnen sollte jetzt ein Exempel statuiert werden und zwar nicht vorrangig wegen Nichtachtung des Genehmigungsverfahrens, sondern weil beide Schriftsteller die im Westen verdienten Devisen für sich kassiert hätten. Devisenhinterziehung also.

Die Strafe: 10.000 Mark für Havemann, 9.000 für Heym. Aber beide ließen sich nicht einschüchtern. "Sie reden von den Devisen, es geht aber um das Wort" erklärte Heym dem sofort darauf abgeschobenen ZDF-Korrespondenten in Ost-Berlin. Er wurde von acht Kollegen unterstützt, die sich in einem bislang nur auszugsweise veröffentlichten Brief mit ihm solidarisch erklärten. Hier heißt es: "Immer häufiger wird versucht, engagierte, kritische Schriftsteller zu diffamieren, mundtot zu machen oder, wie unseren Kollegen Stefan Heym, strafrechtlich zu verfolgen." Trotz wiederholter Versuche, auch durch Ausschlüsse aus dem Schriftstellerverband Heym und seine Kollegen moralisch zunichte zu machen (wobei Dieter Noll sich besonders unrühmlich hervortat), trotz Verschärfung bzw. Erweiterung der Paragraphen 218 ("Zusammenschluß zur Verfolgung gesetzwidriger Ziele") und 219 ("Ungesetzliche Verbindungsaufnahme") des Strafgesetzbuches der DDR, in der deutlichen Absicht, die Freiheit der Kunst vor "Mißbrauch" zu schützen - trotz dieser und anderer Schikanen blieb Heym seinem Vorsatz treu, die DDR nicht freiwillig zu verlassen.

Obwohl der Versuch sehr bewußt unternommen wurde, auf scheinbar souveräne Weise mittels einer differenzierenden aber für Außenstehende sonst kaum durchsichtigen Visa-Politik die Ausreisenden immer als Einzelne zu behandeln, mußte der Eindruck entstehen, daß die Partei auf geradezu perverse Weise dabei war, das kulturelle Leben des Landes mit Absicht ausbluten zu lassen. Paradoxerweise führten diese als Bestandteil der Politik der Abgrenzung gedachten Maßnahmen dazu, daß ein deutsch-deutsches Kommunikationssystem schnellstens zustande kam, das dem Abgrenzungsanspruch hohnsprechen sollte. Intellektuelle, deren Meinungsäußerungen in den DDR-Medien unerwünscht waren, sowie Bürger, die sich über die laufenden Ereignisse einfach informieren wollten, konnten sich jederzeit an die bundesdeutschen Medien - besonders an Fernsehen und Rundfunk - wenden und auf diese Weise den Versuch der Partei unterlaufen, sich von dem Klassenfeind abzuschotten. Für den normalen DDR-Bürger, dessen Wunsch nach Reisefreiheit sonst nie in Erfüllung zu gehen drohte, lag der Gedanke übrigens nahe, daß es doch möglich war, die DDR zu verlassen und zwar indem man es wie die aufmüpfigen Intellektuellen machte.

Hier läßt sich meines Erachtens eine wichtige Quelle für die später immer lauter werdende, auflehnende Forderung aus Teilen der Bevölkerung sehen, aus der DDR ausreisen zu dürfen. Es darf nicht übersehen werden, daß man in den folgenden, relativ unsensationellen Jahren - trotz weiterer Verbote und der andauernden Übersiedlungswelle unter den Kulturschaffenden - zeitweilig bereit war, auch brisante Texte wie zum Beispiel Strittmatters Selbstermunterungen (1981) oder Heins Der fremde Freund (1982) zu publizieren, ohne daß die Gründe für die Zulassung gerade dieser Werke evident wurden. Auf die Provokation der jungen Generation der 'Hineingeborenen', die eine autonome, von kulturpolitischen Direktiven unabhängige Kultur befürwortete und dem Staat sehr demonstrativ den Rücken kehrte, reagierte man mit einer Mischung aus begrenzter Toleranz und Repression. Insgesamt mußte zwangsläufig der Eindruck entstehen, daß es der Kulturpolitik inzwischen an einer überzeugenden langfristigen Strategie fehlte. Die Krise in der Kulturpolitik entstand also nicht erst 1985 mit dem Machtantritt Gorbatschows in der Sowjetunion. Mit der Einführung des 'neuen Denkens' wurde sie aber unleugbar und entglitt zunehmend der Kontrolle der führenden Kulturfunktionäre. Der Versuch Kurt Hagers, die Ereignisse in der Sowjetunion mit einem Tapetenwechsel gleichzusetzen - einem Tapetenwechsel übrigens, den die DDR schon lange vor der Sowjetunion vollzogen hätte und deshalb nicht mehr nachzumachen brauchte - läßt sich heute als den realitätsblinden und letztlich gescheiterten Versuch sehen, eine Krise abzuwenden, die aber schon lange schwelte.

Nach 1985 trat die Krise sehr deutlich zutage in der Bereitschaft besonders mutiger Künstler, sich zu den dirigistischen Kontrollmechanismen des Staates im kulturellen Bereich zu äußern.

Exemplarisch für diese Entwicklung stehen die Worte von Christoph
Hein auf dem X. Schriftstellerkongreß 1987: Das Genehmigungsverfahren, die staatliche Aufsicht, kürzer und nicht weniger klar gesagt: die
Zensur der Verlage und Bücher, der Verleger und Autoren ist überlebt,
nutzlos, paradox, menschenfeindlich, volksfeindlich, ungesetzlich und
strafbar. (...) Das Genehmigungsverfahren, die Zensur muß
schnellstens und ersatzlos verschwinden, um weiteren Schaden von
unserer Kultur abzuwenden, um nicht unsere Öffentlichkeit und unsere
Würde, unsere Gesellschaft und unseren Staat zu schädigen.

Auch Günter de Bruyn und - in einem an den Kongreß gerichteten Brief
- Christa Wolf forderten auf unmißverständliche Weise die Abschaffung
der Zensur. Daß die Forderung auf einem vom SED-abhängigen Schriftstellerverband inszenierten Kongreß so offen geäußert und debattiert
werden konnte, stellt den Kulminationspunkt eines Prozesses dar, dessen
Ursprünge sich in der ersten, relativ liberalen Phase der Honecker'schen
Kulturpolitik orten lassen.

Schon 1975 beklagte sich Günter Kunert in einem bedeutenden Disput
mit Peter Goldammer über "rigiden Zensurismus", aber erst 1979 fiel das
bislang tabuisierte Wort Zensur, als Stefan Heym der Hoffnung Ausdruck verlieh, daß der Versuch, ihn als einen Devisenhinterzieher zu
kriminalisieren, vielleicht auch dazu dienen könnte, "die ganze Frage der
Zensur in der DDR endlich offen auf die Tagesordnung zu setzen." In
ihrem schon erwähnten Protestschreiben gegen die Behandlung Heyms
wiesen acht Schriftstellerkollegen ebenfalls auf "die Koppelung von Zensur und Strafgesetzen", deren Zweck es sei, "das Erscheinen kritischer
Werke zu verhindern."

Für Hermann Kant, den umstrittenen Präsidenten des Schriftstellerverbandes, wirkten solche offenen Worte geradezu hermetisch: "Wer die
staatliche Lenkung und Planung auch des Verlagswesens Zensur nennt,
macht sich nicht Sorgen um unsere Kulturpolitik - er will sie nicht." Die
Gefahr war also erkannt worden und konnte in der Tat bis Mitte der
achtziger Jahre gebannt werden. Lange sollten aber die unvermeidlichen

Auswirkungen des neuen Denkens nicht ausbleiben. Nach den symptomatischen Ereignissen auf dem Schriftstellerkongreß ließ die Entscheidung (trotz einiger Rückschläge - man denke an das Verbot der sowjetischen Zeitschrift Sputnik) nicht lange auf sich warten, das Genehmigungsverfahren wenn nicht aufzugeben so doch sehr stark zu modifizieren, indem man die Entscheidung über Publikation bzw. Nicht-Publikation vom Ministerium an die einzelnen Verlage delegierte. Man kann zwar dem anonym gebliebenen Schriftsteller nur zustimmen, der schon im Sommer 1988 westdeutschen Journalisten gegenüber behauptete, es hätte sich in der DDR etwas grundlegend geändert, weil die Sowjetunion als Hindernis entfallen wäre: "Früher war der Botschafter Abrassimow unser Oberzensor, und wir waren insoweit ein Kolonialland."

Aber dabei darf nicht übersehen werden, daß diese Veränderung im Endeffekt eher kosmetischer als prinzipieller Art war, denn dadurch wurde an der führenden Rolle der Partei im kulturellen Bereich mitnichten gerüttelt. Erst die Wende brachte einen grundsätzlichen Bruch mit dieser Praxis.

Trotz ihres Beitrags zur Abschaffung der Zensur ist heute die Rolle der Künstler als Vordenker der Wende sehr umstritten. Einerseits ist der Mut, den Schriftsteller wie Stefan Heym, Christoph Hein oder Christa Wolf an den Tag legte, unleugbar. "Die Künstler waren die ersten" verkündete der Spiegel (Nr. 49, 1989), und Willy Brandt brauchte keinen Widerspruch zu fürchten, als er im November 1989 feststellte, daß die Namen der Künstler "einen ganz wichtigen Rang" in der Geschichte der Revolution einnehmen würden. Andererseits war der Vorwurf bald zu hören, daß die meisten Künstler zu den Mißständen im Lande viel zu lang geschwiegen hätten, um ihre eigenen Privilegien nicht zu gefährden. Wer sich erst jetzt zu diesen Mißständen unmißverständlich äußerte, wurde umgehend als 'Wendehals' und Opportunist abgekanzelt.

Stellt die von den Künstlern am Alexanderplatz veranstaltete Großdemonstration vom 4. November 1989 den Höhepunkt der sogenannten 'sanften Revolution' dar, so folgte sehr schnell eine zweite Phase, in der

die skeptische, wenn nicht ablehnende Einstellung den Künstlern gegenüber vorherrschte. Schon Anfang Januar 1990, erst wenige Wochen also
nach dem großen Erlebnis der Solidarität mit dem Volk am Alexanderplatz, standen die Künstler "nun sprachlos und verwaist, wo nicht
gar befeindet" da, wie es in einem Zeitungsbericht heißt. Im Zuge dieses
Umschwungs, der auch in der Verwandlung der Losung "Wir sind das
Volk" in den Spruch "Wir sind ein Volk" zum Ausdruck kam, wurden die
Künstler nicht mehr vor allem als Kämpfer für eine demokratische,
nicht-stalinistische Zukunft in der DDR gesehen, sondern als Hinder-
nisse, die einer besseren Zukunft nach der DDR - in einem vereinigten
Deutschland - im Wege standen.

Als Kronzeuge darf hier der Appell "Für unser Land" stehen, in dem an-
gesehene Künstler wie Wolf, Heym und Braun unter Anwendung der
"alten Abgrenzungsparolen samt Feindbild" (wie Günter de Bruyn kri-
tisch anmerkte) eine sozialistische Alternative zur Bundesrepublik be-
fürworteten. Besonders scharf in ihrer Kritik dazu waren ehemalige
DDR-Künstler, die nach der Biermann-Ausbürgerung das Land verlassen hatten. Für sie war die um sich greifende Intellektuellenfeindlichkeit
völlig berechtigt, nicht zuletzt angesichts der elitären Blindheit, mit der
die Unterzeichner des Appells zu einem neuen Experiment mit dem Sozialismus aufriefen - zum "wiederholten Labortest an unfreiwilligen Ver-
suchspersonen", um Monika Marons bitteres Wort zu zitieren. Die Skepsis derjenigen, deren Weggehen den schlüssigsten Beweis für das Scheitern der Kulturpolitik Honeckers darstellt, ist nur allzu verständlich,
auch deswegen weil sie den Gebliebenen ihr Schweigen und ihren an-
geblichen Mangel an solidarischer Gemeinschaft übelnehmen, als soviele
die DDR verlassen mußten.

Was nun die Zukunftsperspektive der Kulturpolitik betrifft, so war man
sich schnell einig, daß eine unabdingbare Voraussetzung die Wieder-
gutmachung der Verbrechen und Fehler der Vergangenheit sein mußte.
Allerdings konnte der verzweifelte Versuch des Schriftstellerverbandes,
die Uhr zurückzudrehen und die ehemaligen Mitglieder Bartsch, Endler,
Jakobs, Poche, Schlesinger, Schneider, Schubert und Seyppel - alle 1979
ausgeschlossen, weil sie Stefan Heym vor Angriffen in Schutz nehmen

wollten - in den Verband wieder aufzunehmen, nur opportunistisch und ungewollt komisch wirken, weil niemand sich die Mühe genommen hatte, zu den Betroffenen Kontakt aufzunehmen und um ihr Einverständnis zu bitten. Viel überzeugender waren die feierliche Rehabilitierung solcher Opfer stalinistischer Praktiken wie Walter Janka, Gustav Just, Ernst Bloch und Robert Havemann sowie Versöhnungsversuche gegenüber Emigranten wie Biermann, Loest, Kunze und Manfred Krug. Ehemals verbotene Bücher konnten endlich erscheinen - Der Weg nach Oobliahdooh von Fries nach 23 Jahren! -, und Heyms Collin, der 1979 von DDR-Kollegen als "Schmarren" und als "peinliches Unglück" abqualifiziert wurde, erschien sogar im Neuen Deutschland als Fortsetzungsroman. Zwölf gesellschaftskritische DEFA-Filme, darunter Frank Beyers Spur der Steine und Kurt Maetzigs Das Kaninchen bin ich - alle nach dem elften Plenum 1965 in die Anonymität eines Filmarchivs verbannt - konnten endlich ihr Publikum erreichen. Gleichzeitig wurde eine Kommission damit beauftragt, den Hintergrund zur Unterdrückung dieser Filme zu untersuchen: "Mit dem heutigen Tag" - so der Stellvertretende Kulturminister Horst Pehnert im November 1989 beginnt die "öffentliche Aufarbeitung."

Vergangenheitsaufarbeitung als notwendige Vorstufe zum sinnvollen Umgang mit der Zukunft - ein altes deutsches Thema, auf dessen zutiefst moralische und politische Dimensionen Christoph Hein mit Recht hinweist. In seinem Essay über Gustav Just, der an die nach 1945 in beiden Teilen Deutschlands verwendete Losung "Nie wieder Krieg!" erinnert, hebt Hein die Bedeutung von Justs Memoiren gerade für die Zukunft hervor: Um unserer selbst willen sollten wir sein Zeugnis für unsere Zukunft nutzen, daß wir künftig mehr Mut und Kraft und Rückgrat aufbringen, um nie wieder eine Deformation der Gesellschaft zuzulassen, um nie wieder zuzulassen, daß wir selbst deformiert werden.

In scheinbarem Gegensatz dazu muß die soziale Rolle des DDR-Schriftstellers neu definiert werden, denn unter den neuen Bedingungen entfällt seine Funktion als Sinnstifter und als Stellvertreter des Lesers. Diese Beobachtung von Christa Wolf auf dem außerordentlichen Kongreß des Schriftstellerverbandes im März 1990 wird von Hein bestätigt, der jetzt angesichts der neuen Freiheit der Medien die Literatur von ihrer publizistischen Ersatzfunktion befreit sehen möchte. "Literatur" - so Hein - "ist, wenn Proust mitteilt, wie er Tee trinkt." In diesem Sinne nimmt auch Hans Joachim Schädlich Abschied von deutsch-deutschen Themen und begrüßt "die Utopie des weißen, leeren Blattes."

Der Versuch des Schriftstellers, sich neu zu orten, findet in einer Umbruchszeit statt, in der sich alle Kulturinstitutionen der DDR radikalen Umstrukturierungs- und Rationalisierungsmaßnahmen ausgesetzt sehen. Kein Bereich wird von diesem Prozeß ausgenommen, der häufig und scheinbar zwangsläufig zu einer Annäherung an das entsprechende westdeutsche Modell führen kann. Trotz des offensichtlichen Versuchs auf bundesdeutscher Seite, möglichst selten in diesen Entwicklungsprozeß orientierend einzugreifen, kann der Eindruck leicht entstehen, daß die Schwäche der DDR sehr bewußt dazu benutzt wird, um auch im kulturellen Bereich das Land zu vereinnahmen - so bei Günter Grass, der von einem Anschluß spricht, "der nicht Anschluß heißen darf." Aber ganz gleich wie man die Rolle der Bundesrepublik insgesamt oder im einzelnen bewertet: die wichtigsten

Veränderungen im Kulturbereich, die die Wende mit sich brachte, waren unvermeidlich und wurden von allen bedeutenden Gruppierungen gefordert und mitgetragen. Es handelt sich - erstens - um die Entstaatlichung der Kulturpolitik und - zweitens - um deren künftige Föderalisierung und Kommunalisierung. Die Verantwortung im Kulturbereich soll also in Zukunft nicht mehr beim Staat, sondern bei den neuzuschaffenden Ländern und Kommunen liegen - eine Veränderung, die an von einer deutlichen Mehrheit der Kulturschaffenden nur begrüßt werden konnte. Aber - drittens - das Befürworten des Prinzips leistungsorientierter Subventionierung machte auf eine unerfreuliche Tatsache aufmerksam, die erst nach dem politischen Zusammenbruch zutage kam: die Tatsache nämlich, daß die DDR vor dem wirtschaftlichen Kollaps stand. Die für die bislang großzügig finanzierte Kulturpolitik unvermeidlichen Folgen konnten nicht ausbleiben. "Dieses Land muß sich überlegen", mahnte Dietmar Keller (Kulturminister in der Regierung Modrow), "was es sich an

Kunst und Literatur leisten kann und leisten muß (...) Ich glaube nicht, daß wir so weiterfördern können wie bisher."

Es kann daher kaum verwundern, daß eine ausgeprägte Zukunftsangst unter Kulturschaffenden sehr schnell um sich griff und sich noch heute bemerkbar macht. Im Ablauf der Revolution folgte also sehr schnell auf die Euphorie der Gebirge der Katzenjammer der Ebenen (um das berühmte Brecht-Wort rücksichtslos zu mißbrauchen). Wer die einschlägigen Presseberichte über die oft verzweifelt anmutenden Versuche der verschiedenen Künstlerverbände liest, mit ihrer neuen Lage fertigzuwerden, spürt sehr deutlich ihre Desorientierung und Ratlosigkeit. Es macht sich die Sorge besonders klar erkennbar, daß die ideologische Tyrannei der Vergangenheit einer kaum minder gefährlichen ökonomischen Tyrannei Platz machen könnte.

Mit anderen Worten: "der Sanierungs- und Planierungsbagger Marktwirtschaft" (Freimut Duve), der den Ausverkauf wichtiger DDR-Kulturinstitutionen an westliche Konzerne zumindest ermöglicht, könnte die alte ideologische Bevormundung (die freilich kaum jemand wieder haben möchte) durch eine finanziell motivierte Rotstiftpolitik nach kapitalistischem Muster ersetzt werden. Der Versuch Dietmar Kellers, den Marktmechanismus als Ausdruck des Volkswillens darzustellen und dadurch zu legitimieren (denn das Volk selbst entscheide, was es brauche und was nicht) konnte niemanden überzeugen - Stefan Heym schon gar nicht, der verkündete: "Aus der Diktatur des stalinistischen Apparates sind wir geraten in die Diktatur der D-Mark."

Solche Hiobsbotschaften werden aber von westlichen Beobachtern nicht unkritisch zur Kenntnis genommen. Beispielsweise weist sie Horst Köpke als "puren Unsinn" zurück, weil die Kultur auch im Westen "rein marktwirtschaftlichen Gesetzen" nie ausgesetzt wird. Köpkes Bemerkungen decken sich im wesentlichen mit der Meinung von Freimut Duve, für den "der große Katzenjammer" bzw. die Angst vor der Bundesrepublik übertrieben und nicht zuletzt auf eine eindeutige Ignoranz den bundesdeutschen Kulturverhältnissen gegenüber zurückzuführen ist. Aus dieser

Unwissenheit heraus reagiere man panikartig und völlig undifferenziert auf die Möglichkeit einer Annäherung an die Bundesrepublik anstatt hier neue Chancen zu sehen und zu entwickeln: Ganz so, als gäbe es bei uns nur die freie Broadway-Wildbahn und keine öffentlichen Bibliotheken, Schauspielschulen und Museen. Daß bei uns mehr als drei Viertel aller Theater von der Öffentlichkeit unterhalten werden, wissen die wenigsten der ehedem ideologisch so versierten 'BRD-Kenner'. Es wird nichts säuberlich unterschieden. Ängste, die sich entzünden an dem (bei uns privaten) Verlagssektor, werden übertragen auf jedwede Kultureinrichtung.

Die Früchte der Revolution, so geht die Angst, werden gepflückt werden von den privaten Verlagshäusern, von den Film- und Fernsehkonzernen der Bundesrepublik. Ohne diese durchaus vorhandene Gefahr zu minimalisieren, kann ein solcher von Angst bestimmter Tatbestand - so Duve - die Gefahr nur noch größer machen, der man gegenwärtig zu wenig in der Lage ist, auf effektive Weise entgegenzuwirken: "Es fehlen konkrete Überlegungen, die Namen und Adresse, Fakten und Zahlen nennen." In Übereinstimmung mit DDR-Autoren wie Stefan Heym und Heinz Czechowski stellt Duve zu Recht fest, daß es den kritischen Geistern, die zur Vorbereitung der Wende ihren wesentlichen Beitrag geleistet hatten, trotzdem nicht gelungen war, eine überzeugende Alternative zur etablierten Kulturpolitik vorzulegen.

Damit hängt eine weitere große Sorge eng zusammen, die den Kulturbereich zu schaffen macht - die Angst vor dem möglichen Verlust der eigenständigen kulturellen Identität der DDR. Mit Bestürzung beobachtet man die voreilige Schließung von Kulturinstitutionen wie Kulturhäusern und Betriebsbibliotheken sowie den Verkauf bzw. die zweckentfremdete Nutzung kommunaler und betrieblicher Kultureinrichtungen - "wuchernde Erscheinungen" (so der neue Kulturminister, Herbert Schirmer), vor denen die Regierung scheinbar hilflos dasteht.

Wie reagieren die Künstler selbst auf solche Verfallssymptome? Hier verdienen mindestens drei Momente hervorgehoben zu werden: Erstens

versucht man neben den bestehenden, umstrukturierten Künstlerver-
bänden starke Gewerkschaften bzw. gewerkschaftsähnliche Institutionen
aufzubauen, um vor allem die materielle Sicherheit der Kulturschaffenden - bislang als eine wesentliche Errungenschaft der sozialistischen Kulturpolitik gerühmt - zu gewährleisten, wobei mitunter der Eindruck entstehen konnte, daß dieser Aspekt alle anderen leicht in Vergessenheit
geraten läßt. So schreibt Wulf Kirsten im April 1989 nach dem Außerordentlichen Kongreß des Schriftstellerverbandes, auf dem es sich nicht
zuletzt um die Sicherung der Autorenrechte und um den Erhalt der Lie-
genschaften des Verbandes ging: " (...) am Ende war es peinlich, da sah
es aus, als ginge es nur ums Geld. Die politische Verantwortung, die kulturpolitische Verantwortung ist absolut negiert worden." Zweitens werden Staat, Länder und Kommunen dazu aufgerufen, ihre Kulturschutz-
funktion anzuerkennen - nicht ohne Erfolg, wie aus Artikel 20 Absatz 2
des Verfassungsentwurfs sowie aus der Regierungserklärung des Ministerpräsidenten Lothar de Maiziere ersichtlich wird.

Angesichts der trostlosen wirtschaftlichen Lage scheint Skepsis trotzdem
geboten zu sein, ob Staat, Länder und Kommunen tatsächlich in der
Lage sind, dieser prinzipiellen Entscheidung auch in finanzieller
Hinsicht Rechnung zu tragen. Drittens wird der Frage nachgegangen,
was die DDR in ein vereinigtes Deutschland 'einbringen' kann. Hier
wird beispielsweise das antifaschistische Element in der Literatur der
DDR genannt als ein unverwechselbares Stück Kultur, dem auf diesem
Gebiet in seiner Gesamtheit nichts Vergleichbares im westlichen Teil
Deutschlands gegenüberstehe. Hervorgehoben wird ebenfalls "der
Kampf um die Erinnerung" (Jürgen Fuchs) an die DDR-Geschichte:
wenn die DDR etwas einzubringen hätte, so wäre es die Erinnerung an
das, was sie einmal gewesen wäre. Auch auf bewahrenswerte
kulturpolitische Maßnahmen wird hingewiesen, deren Ziel es war,
beispielsweise durch eine großzügige Preispolitik die Kunstschätze der
Welt allen Bevölkerungsschichten zugänglich zu machen. Der durch den
sogenannten Kulturgroschen ermöglichte Kulturfonds, die
ausgezeichnete Ausbildung für Schauspieler, das Literaturinstitut
Johannes R. Becher, der Kinderfilm, die 175 musikalischen Ensembles
und die 50 Schauspielensembles - das sind auch Aspekte des kulturellen

Lebens in der DDR, über deren Zukunft das Nachdenken lohnt.

Was aber - auch im Forderungskatalog der politischen Parteien - bis heute eindeutig fehlt, ist ein umfassendes Konzept, welches diese und andere Seiten des Problems gebührend berücksichtigt. Dies wurde beispielsweise am 23. April 1990 bei einem öffentlichen, vom Schutzverbund 'Künstler der DDR' veranstalteten Hearing in der Akademie der Künste unter dem Motto "Kultur und Kunst - Stiefkinder der künftigen Politik?" überaus deutlich. Erst im März 1990 wurde eine Gemeinsame Kulturkommission gebildet, die u.a. Vorschläge zu einer künftigen deutsch-deutschen Kulturunion vorlegen soll. Am 7. Mai fand die erste offizielle Begegnung von Herbert Schirmer mit Dorothea Wilms, Ministerin für Innerdeutsche Beziehungen, statt, deren Hauptthema die Annäherung und Vereinigung beider deutscher Staaten im bislang relativ vernachlässigten Bereich der Kultur war. Erst vor wenigen Tagen konnte der Kulturminister der DDR, der in seiner Funktion bislang eher ratlos wirkte, seine Überlegungen zu einer künftigen Kulturpolitik vorlegen. Offen bleibt also vorläufig alles. Wie soll der Kulturföderalismus in den künftigen DDR-Ländern genau aussehen? Welche Rolle könnten Stiftungen, Sponsoren und ein zentraler Kulturfonds spielen? Kann den DDR-Ländern genügend Raum für spezifische Regelungen belassen werden, um die gegenwärtige kulturelle Infrastruktur im wesentlichen zu erhalten und die sozialen Existenzbedingungen der Künstler im schnellen Übergang zur Marktwirtschaft abzusichern? Wird die Kultur in der bevorstehenden Ära des wirtschaftlichen Wiederaufbaus als Gebrauchs- oder als Luxusartikel betrachtet? Die Fragen lassen sich viel leichter formulieren als die Antworten. Hier soll auch keine noch so plausible Prognose gewagt werden, wie denn diese Antworten mittel- bis langfristig aussehen könnten. Zu leicht - und das haben gerade die Ereignisse im Herbst 1989 erneut eindeutig bewiesen - werden auch wissenschaftlich fundierte Spekulationen auf geradezu spektakuläre Weise vom realen Geschehen Lügen gestraft.

Wesentlich ist nur, daß die angestrebte Kulturunion, die der Währungs-, Wirtschafts- und Sozialunion folgen soll, den Wünschen und Bedürfnissen der beiden Teile Deutschlands möglichst gerecht wird und ihren unabdingbaren Beitrag zur europäischen Friedensordnung leistet.

Manfred Lötsch

Ungleichheit - materielle, politische und soziale Differenzierung und ihre gesellschaftspolitischen Konsequenzen

Wenn man im Hinblick auf aktuelle DDR-Entwicklungen nach einer summarischen Formel sucht, könnte man am ehesten (mit Jürgen Habermas) von einer "neuen Unübersichtlichkeit" sprechen. Das gilt für die sozialen Entwicklungen selbst - und es gilt für auf diese Entwicklungen bezogene Deutungsversuche. Abgesehen davon, daß Äußerungen über gesellschaftliche Veränderungen dieses Ausmaßes immer standpunktbezogen sind und von "objektiven Darstellungen" (im Sinne neutraler Positionen) keine Rede sein kann, sind die Dinge einfach deswegen unübersichtlich, weil weder von gesellschaftlicher Stabilität noch von einigermaßen geregelt verlaufenden Entwicklungen die Rede sein kann. Man wird, könnte man mit dem Scholaren aus Goethes Faust sagen, von alledem so dumm, als drehe sich ein Mühlstein im Kopf herum ... Alles in allem dominieren gegenwärtig eher politologische Deutungen von essayistischen oder journalistischen abgesehen) - die in dieser oder einer modifizierten Begrifflichkeit allesamt auf die Formel vom "Post-Stalinismus" hinauslaufen.

Wir wollen offenlassen, ob damit die Dinge wirklich auf den Begriff gebracht sind - erstens, weil "Stalinismus" eine so einmalig-ungeheuerliche Erscheinung ist, daß es jedenfalls arg vereinfacht wäre, die soziale und politische Szene der DDR damit erfassen zu wollen, und zweitens, weil sich seit Stalins Ende einiges ereignet hat, was mit dem Zusatz "post..."

bestenfalls ungenau umschrieben würde. Vor allem aber wäre mit der Benennung allein noch nicht viel gewonnen. Was hier versucht werden soll, ist eine soziologische Deutung - bei der marxistisches Denken nicht, wie es heutzutage Mode zu sein scheint, als "alter Hut" abgetan werden soll.

Die Konturen des Problems ergeben sich aus der Thematik dieses Vortrages selbst: Was hat die widersprüchliche Relation "Gleichheit - Ungleichheit" mit den heutigen Problemen und Entwicklungen in der DDR zu tun? Wie finden sich über sie nicht nur Erklärungen für die aktuelle DDR-Krise, sondern für deren geschichtliches Gewordensein - wenn man als Voraussetzung akzeptieren will, daß die Erosion und der Zusammenbruch eines Gesellschaftssystems nicht nur aus aktuellen Entwicklungen zu erklären ist, sondern Ursachen haben muß, die in vergleichbaren Größenordnungen liegen? Eine Systemkrise jedenfalls (um die es sich immerhin handelt) muß aus der prinzipiellen Beschaffenheit des Systems selbst, aus seinen Struktur- und Funktionsprinzipien heraus erklärt werden. Dabei greift die Zurückführung auf "Stalinismus" in mehrfacher Hinsicht zu kurz - ganz abgesehen davon, daß sie auf einen logischen Zirkel etwa von der Art Onkel Bräsigs (Fritz Reuter) hinausläuft, nach dessen Deutung die Armut eben von der "Povertee" komme. Mit der bloßen Benennung jedenfalls ist noch nichts gewonnen.

Die Konturen des Problems

Die Fragestellung steckt in der Thematik selbst: Was hat materielle, soziale und politische Ungleichheit mit den heutigen Entwicklungen zu tun? Wie finden sich über sie Erklärungen für das Ausmaß und die Vorgeschichte, die Ursachen und Verlaufsformen einer Entwicklung, die mit "Krise" nicht mehr beschrieben werden kann, sondern nur noch mit Begriffen wie "Erosion" und "Ende"? Politische Strukturen und Entwicklungen erklären sich nicht aus sich selbst, sondern am Ende nur aus einem umfassenderen historischen und sozialen Kontext. Was man von Marx und Marxismus auch immer halten mag - die Grundidee, daß politische und geistige Entwicklungen letztlich einen materiellen Untergrund haben, ist so unproduktiv nicht. Es entbehrt nicht einer gewissen Ironie, daß die Entwicklung der DDR und, weit über sie hinaus, des "realen Sozialismus" überhaupt Marx nicht widerlegt, sondern eher bestätigt: eben weil, um mit Marx zu reden, ohne die Entwicklung der Produktivkräfte der Streit um das Notwendige neu beginnen müßte. Der Sozialismus, dies summarisch, ist an seiner Unfähigkeit gescheitert, Produktionsverhältnisse zu schaffen, die nicht Fesseln, sondern Entwicklungsformen der Produktivkräfte sind. Anders als in diesem Kontext ist über Gleichheit und Ungleichheit nicht sinnvoll zu reden; es handelt sich immer um den Zusammenhang zwischen der sozialen Erscheinung an sich und ihren letztlichen materiellen Determinanten.

Freilich zeigte sich die Systemkrise zunächst, wie jede Krise, an äußeren Symptomen: der Ausreisewelle in den bekannten Größenordnungen, den Demonstrationen des Herbstes 89, insgesamt an vielfältigen Indizien sozialer Unzufriedenheit und politischer Spannung. In ihrer nächsten Entwicklungsetappe führte die Systemkrise zu einer Art Institutionalisierung des Protestes, bis sie dann mit den Wahlen zur Volkskammer in eine Phase eintrat, die man als "Anfang vom Ende" definieren könnte und schließlich, logisch folgerichtig, über das Vehikel der "Wiedervereinigung", zum Ende der DDR als Staat und zum Ende des Sozialismus als Gesellschaftssystem führte. Das ist der allgemeine Bezugsrahmen, in dem heutzutage jedes die DDR betreffende Thema - und folglich auch unseres - gesehen werden muß.

Fragt man vor diesem Hintergrund nach den Ursachen der Systemkrise, die wie gesagt keine auf die DDR begrenzte Erscheinung ist, bietet sich als erste Erklärungsebene die politisch-ideologische an und die sich um Schlüsselbegriffe gruppiert wie Diktatur, Unfreiheit, Stalinismus etc. Wie zutreffend solche Kennzeichnungen auch immer sein mögen (daß von "überwundenem Stalinismus" keine Rede sein kann, ist unbestreitbar) - den sozialen Hintergrund erfassen sie nicht, jedenfalls nicht hinreichend. Wenn es in der DDR von heute etwas zur Genüge gibt, dann ist dies po-

litische und geistige Freiheit - oft genug mit einem kräftigen Hauch von
Anarchie und Durcheinander. Diese Erklärungsebene funktioniert ganz
gut, was die geschichtlichen Hintergründe angeht - aber für die heutige
Situation und die absehbaren weiteren Entwicklungen ist sie zumindest
unvollständig: mit errungener politischer Freiheit ist die Systemkrise
nicht nur nicht beendet, sondern tritt - vermittelt durch politische Freiheiten - in ihre entscheidende und letzte Phase ein. Wie es scheint, be-
hält Sebastian Haffner recht, als er schrieb (in: Der Teufelspakt), daß
der Sozialismus entweder stalinistisch oder nicht funktionieren könnte...

Jedenfalls transformiert sich die Fragestellung. Ungleichheit in ihren sozialen Bewegungsformen und Wirkungen erklären heißt letztlich, sie auf
ihre Untergründe und Ursachen zurückzuführen. Dabei haben wir es
insgesamt, dies als allgemeine These, mit zwei spiegelverkehrten, in ihren Wirkungen jedoch gleichermaßen verhängnisvollen Strukturdefekten
zu tun:

- mit dysfunktionaler Ungleichheit und
- mit dysfunktionalen Nivellierungen, die beide, vermittelt über soziales
  Verhalten, im Spiele sind. Dabei ist die Unterscheidung zwischen Problemen, die
- im Bereich der Produktion (den "Produktionsverhältnissen")
- und im Bereich der Distribution (einschließlich der Konsumtion)

angesiedelt sind, ganz gut geeignet, um wenigstens eine Art methodolo-
gischer Ordnung herzustellen.

1. Ungleichheit auf der Ebene der Produktionsverhältnisse . In ideologischen und offiziell-politischen Deutungen (nicht in der soziologischen
Arbeit) dominierte ein Modell, das als sozialwissenschaftlich untauglich
und als gänzlich unsoziologisch definiert werden muß: das auf die Stalin-
sche Verfassung von 1936 zurückgehende Strukturmodell "zwei Klassen
+ eine Schicht" (im Sinne von: Arbeiterklasse + Klasse der Genossen-
schaftsbauern + soziale Schicht der Intelligenz), das von der Unterscheidung zwischen zwei Eigentumsformen (dem staatlichen und dem
genossenschaftlichen) ausgeht und mit einem logischen Sprung, einem

Wechsel des Bezugssystems, die "soziale Schicht der Intelligenz" sozusagen hinzumogelt. Damit war Ungleichheit natürlich nicht zu erklären - und schon gar nicht, wenn die "Annäherung der Klassen und Schichten" und mit ihr das Verschwinden sozialer Unterschiede als übergreifende Entwicklungstendenz behauptet wird - wenngleich sich selbst diese Simplifizierung noch als fast soziologisch ausmacht im Unterschied zur in der sowjetischen soziologischen Literatur üblichen Begrifflichkeit von "odnorodnost", was mit "Gleichförmigkeit" oder "Gleichartigkeit" zu übersetzen wäre und das offizielle Entwicklungsziel, die Herausbildung einer nivellierten Gesellschaft, genau auf den Begriff bringt.

Nun konstituiert in einer Gesellschaft ohne privates Eigentum an den Produktionsmitteln und ohne den damit gegebenen Gegensatz von Eigentümern und Nichteigentümern das Eigentumsverhältnis soziale Ungleichheit in der Tat nicht, jedenfalls nicht unvermittelt. Aber sehr wohl erklären sich soziale und politische Entwicklungen letztlich doch aus eben diesem Produktionsverhältnis, nämlich in der logischen und kausalen Kette

- Effizienzdefizit
- Mangelwirtschaft
- und, logisch folgerichtig, Monopolisierung und zentralistisch-vormundschaftliche Verwaltung dieses Mangels.

Folglich wäre, wenn man nicht an äußeren Erscheinungsformen hängenbleiben will, zuerst und vor allem der Zusammenhang zwischen Sozialstruktur und Effizienzdefizit zu erklären.

Was man von der "sozialistischen Revolution" (gemeint ist die von 1917 bzw. von nach 1945) auch immer halten mag: eine grundsätzliche Umwälzung vorheriger Eigentumsverhältnisse und mit ihr einhergehender sozialer Strukturen war sie in jedem Falle. Das ist nicht der Punkt - wohl aber, was an die Stelle der alten Eigentumsverhältnisse trat.

Im Marx'schen Verständnis hätte dies eine "Assoziation" sein sollen, die ihren Stoffwechsel mit der Natur unter ihre gemeinschaftliche Kontrolle bringt und worin die freie Entwicklung eines jeden die Bedingung für die freie Entwicklung aller wäre - womit jedenfalls gemeint war, daß es durchaus einen Sinn hätte, nach einer Alternative zur Marktwirtschaft zu suchen, weil, was auch eifrige Verfechter der Marktwirtschaft nicht bestreiten können, die autonomen Kräfte des Marktes allein, ohne einen regulierenden politischen Gestaltungswillen, leicht zu destruktiven Kräften werden können. Indessen hatte Marx erstens vorausgesetzt, daß diese Ordnung auf dem Boden hochentwickelter Produktivkräfte entstehen würde (und nicht in Rußland, auf dem Balkan und Ostelbien), und er hat zweitens keinen Gedanken darauf verwendet, auf welchem politischen Wege diese "Assoziation" zustandekommen könnte. Ganz in der Denkwelt der Aufklärung befangen, vertraute er auf Einsicht und Vernunft; für ihn war es einfach evident, daß mit der Aufhebung der alten Eigentumsformen sich die vernünftige Organisation der Produktivkräfte sozusagen von selbst finden würde.

Indessen ging die Geschichte, wie man weiß, andere Wege. Daß der Sozialismus nicht dort entstand, wo Marx ihn mit Sinn und Verstand für möglich hielt (in den Ländern mit entwickelten Produktivkräften und mit politischer Kultur), sondern in einer Kette, die mit den Stufen Rußland, China, Balkan und Ostelbien zu charakterisieren ist, nahm er zwangsläufig zentralistische, am Ende diktatorische Formen an - so daß sich der "reale Sozialismus" nicht als eine Art Abweichung vom ursprünglichen sozialistischen Ideal darstellt, sondern so wie er war oder ist, als zwangsläufig, als gesetzmäßig und unvermeidlich: als Diktatur eben.

Das ist im übrigen auch der Punkt, an dem der Sozialismus in der Sowjetunion heute zu scheitern scheint: an seiner letztlich asiatischen Herkunft und seiner Entwicklung innerhalb eines politischen Systems, das den Zarismus nur notdürftig gewendet hat. John Reed (10 Tage, die die Welt erschütterten) beschreibt die Stimmung des russischen Muschiks in einer Schlüsselszene: nun sei endlich an die Stelle eines bösen Zaren ein guter (Lenin) getreten... Die Tragödie begann insofern nicht mit Stalin und nicht mit der Zurücknahme des XX. Parteitages der KPdSU durch Breschnew, sondern mit der Machtergreifung in einem Lande, in dem alle materiellen, politischen und geistigen Voraussetzungen für ein Scheitern des Sozialismus gegeben waren.

Unter den Bedingungen unterentwickelter Produktivkräfte erweist sich so das "gesamtgesellschaftliche", genauer: staatliche Eigentum als entwicklungshemmend. Folgerichtig trat an die Stelle der von Marx erhofften Assoziation etwas anderes:

- erstens eine neue herrschende Klasse, die ihre Macht nicht aus juristisch definiertem Privateigentum herleitet, sondern aus der faktischen Verfügung über die Produktionsbedingungen, was am Ende auf dasselbe hinausläuft,
- zweitens eine von eben dieser neuen Klasse dominierte Kommandowirtschaft (und eben keine rationell organisierte Planwirtschaft)
- und drittens ein sich entfaltender Widerspruch zwischen Ideologie und Realität - etwa indem die Arbeiterklasse als "machtausübende Klasse sozialistischer Eigentümer" apostrophiert wurde und nichts weniger war als dies.

So korrespondiert logischerweise, sozusagen durch Systemzwänge, die Ungleichheit auf der Ebene der Produktionsverhältnisse mit der politischen: eben weil mit der "Vergesellschaftung" der Produktionsmittel, die in Wahrheit immer nur eine Verstaatlichung war, eine ökonomisch herrschende Klasse faktisch entfiel, mußten sich die neuen Eigentumsverhältnisse ihre eigene Klassenstruktur und ihren eigenen politischen Überbau schaffen. So wurden aus Institutionen, die ursprünglich als Instrumente des Marx'schen "assoziierten Produzenten" gedacht waren, Instrumente der politischen Herrschaft - ohne demokratische oder pluralistische Gegenkräfte, damit der Diktatur.

2. Ungleichheit auf der Ebene der Verteilungsverhältnisse. Für Marx und Engels lagen die Dinge einfach: Der Sozialismus, so etwa ihr Grundverständnis, würde auf dem Boden hochentwickelter Produktivkräfte, vermittelt durch eine politische Kultur der Arbeiterbewegung, ins Leben treten. In ihrem Verständnis würde sich die Entwicklung der Produktivkräfte sozusagen von selbst ergeben, weil sie sich den "von Aus-

beutung befreiten Produzenten" anders als kreativ nicht denken konnten. Folgerichtig verlagerte sich in ihren Zukunftsvorstellungen das Problem einer sozialistischen Gesellschaft auf die Ebene der "gerechteren Verteilung" des gesellschaftlichen Reichtums, dessen "Springquellen reicher und voller fließen" würden. Die materiellen Voraussetzungen für eine sozialistische Gesellschaft, meinte Engels in der Grabrede für Marx, seien vollauf gegeben und sie würden reicher von Tag zu Tag ...

Indessen stellte sich das reale Problem völlig anders dar. Weil der Sozialismus aus Gründen, die man eine Ironie der Weltgeschichte nennen könnte, auf dem Boden zurückgebliebener Produktivkräfte ins Leben trat, sah er sich einem Dilemma gegenüber, das von seinen Vordenkern nicht erahnt werden konnte: er stand vor der Notwendigkeit, sich seine eigene materielle Basis erst selbst schaffen zu müssen. In der soziologischen Literatur wurde folgerichtig die Suche nach "Triebkräften des Wirtschaftswachstums" zu einem zentralen Thema - nicht ohne theoretische Resultate, aber mit schwachen praktischen Auswirkungen.

Jedenfalls läßt sich das Wirtschaftssystem der DDR (wie das des Sozialismus überhaupt) ganz gut im Hinblick auf drei Grundeigenschaften beschreiben:

Alle wesentlichen sozialen Probleme und damit auch die Widersprüche, die zur "DDR-Revolution" führten, erklären sich letztlich aus dem, was der ungarische Wirtschaftswissenschaftler Kornai schon in den sechziger Jahren als "economy of shortage" definierte - eben aus einem Gefälle in den materiellen Konsumtionsbedingungen und dem diesem Mangel zugrundeliegenden Abstand im Niveau der Arbeitsproduktivität.

Diese Mangelwirtschaft war, wenn schon nicht sozial beherrschbar, so doch über einen längeren Zeitraum aufrechtzuerhalten, indem sich der Staat (vormundschaftlich) sozusagen "fürsorglich" gab. Das Resultat dieses Konzepts könnte man als "sozial abgefederte Verwaltung des Mangels" definieren. Dabei unterschied sich die DDR nicht nur zu ihrem Ungunsten von den industriell entwickelten Ländern des Westens, sondern auch positiv von den "Sozialistischen Bruderländern". Dies wirkte - beispielsweise im Hinblick auf Polen nicht ohne nationalistische Beimischungen - durchaus als Stabilisierungsfaktor.

Charakteristisch für die soziale Situation der DDR war ferner eine Art sozialer Sicherheit auf niedrigem Niveau. Diese Formel ist in ihrer Ambivalenz zu verstehen: das Niveau sozialer Sicherungen war niedrig - aber es war immerhin vorhanden. Auf der anderen Seite herrschte in den Betrieben eine besondere, höchst eigenartige Form "sozialer Sicherheit": hinter der Formel, daß Arbeitslosigkeit um jeden Preis zu vermeiden sei und daß die Sicherheit des Arbeitsplatzes im gesamten Gefüge des Themas erstrangige Bedeutung hat (wogegen sich schwerlich etwas einwenden ließe), verbarg sich ein merkwürdiges soziales Klima des geduldeten Schlendrians: beispielsweise hatten Betriebsleitungen gegen Leistungszurückhaltung (nicht zu verwechseln mit unverschuldeter geringerer Leistungsfähigkeit) so gut wie keine rechtlichen oder sonstwie disziplinierenden Mittel in der Hand.

Wie heftig sich Soziologen und Ökonomen dazu auch immer äußerten: von einem "Leistungsprinzip" konnte keine Rede sein - weder im Hinblick auf leistungsgerechte und leistungsdifferenzierte Entlohnung noch im Hinblick auf Sanktionen.

Im Ergebnis all dieser Mechanismen entstand sozusagen kontinuierlich ein Gefälle im Lebensstandard, welches Krise und Ende der DDR zwar nicht im Sinne einer causa finalis hervorgerufen, wohl aber als letztes Glied einer Kausalkette verursacht hat. Das Scheitern des Sozialismus, könnte man summarisch sagen, ergibt sich aus seiner Unfähigkeit, den erhobenen Anspruch einzulösen: seine Produktionsverhältnisse wirkten nicht als Entwicklungsformen der Produktivkräfte, sondern als Hemmnisse.

Das soziale Verhalten, mit dem es Soziologen letztlich zu tun haben, erklärt sich vor diesen Hintergründen und aus den daraus hervorgehenden Widersprüchen

- zwischen Ideologie und Realität
- zwischen Bedürfnissen und den Möglichkeiten, sie zu befriedigen
- zwischen aufgesetzten Fremd- und Feindbildern (vor allem hinsichtlich der Bundesrepublik) und den direkt erfahrbaren dortigen Realitäten.

Dabei verbergen sich hinter der Ebene "soziales Verhalten" letztlich Strukturdefekte. Vermittelt durch ein Defizit an sozialen "Triebkräften" bildete sich zunächst, auf der Ebene unmittelbaren sozialen Verhaltens, eine systemspezifische Gleichgültigkeit heraus, die sich in dem landläufigen Slogan "das geht alles seinen sozialistischen Gang" ganz gut ausdrückt und womit eine Art gemütlichen Schlendrians gemeint war.

Weit davon entfernt, daß sich ein in der Theorie und Ideologie behauptetes Eigentümerverhalten" herausgebildet hätte, war (und ist) das Verhalten zum Eigentum eher gleichgültig: wen interessierte es schon, wenn Maschinen und Ersatzteile verrotteten, wenn an Bedürfnissen und Bedarf vorbeiproduziert wurde, wenn Häuser und ganze Stadtteile (wie die äußere Neustadt von Dresden und nahezu alle Klein- und Mittelstädte) ein trauriges Bild des Verfalls boten? Da all das nur in abstracto "dem Volke" und in der empirischen sozialen Wirklichkeit niemandem gehörte, wäre ein "Eigentümerverhalten", wenn überhaupt, nur auf dem Umweg über theoretische Einsichten zu vermitteln gewesen. Da aber, wie man weiß, sich Alltagsbewußtsein auf andere Weise formt (eben über die konkrete empirische Erfahrung), blieb das Ganze eine ideologische Formel im Sinne des Marx'schen Ideologiebegriffs: als falsches Bewußtsein.

Hinter dieser Ebene der bloßen Phänomene verbergen sich tiefere Problemschichten:

- fehlende Belohnung bei Leistung (jenseits aller theoretischen Beschwörung des Leistungsprinzips)
- fehlende Sanktionen bei Leistungszurückhaltung, Faulheit und Schlamperei
- fehlende (weil an anderen Kriterien orientierte) Chancen der sozialen

Mobilität.

Zugleich ist an dieser Stelle eine gewisse Kuriosität anzumerken. All dies ist schon soziale Wirklichkeit der DDR - aber eben nicht ausschließlich. Das Innovationsdefizit gegenüber westlichen Industrieländern ist nur die eine Seite - die andere ist, daß sich die DDR im Kreise der sozialistischen Länder immer noch als leidlich innovationsfähig darstellte. Das hat seine Gründe

- im immerhin beachtlichen Wirtschaftspotential des Landes und
- im Leistungsverhalten von Wissenschaftlern, Ingenieuren und Arbeitern; immerhin hat in der DDR-Wirtschaft nicht nur Faulheit und Schlendrian geherrscht.

Man muß diesen Umstand mitdenken, wenn man die soziale Wirklichkeit der DDR in ihrer Ambivalenz begreifen will - eben in ihrer Widersprüchlichkeit von relativer Stabilität auf der einen Seite und latenter Krisenhaftigkeit auf der anderen.

Versuch eines Fazits

Die Wiedervereinigung, in welcher Form und nach welchen staatsrechtlichen Modus auch immer, stößt in der DDR auf gewachsene und verfestigte Strukturen und Verhaltensweisen. Wie berechtigt Stefan Heyms Wort von der "Spurlosigkeit der DDR-Erfahrung" auch immer sein mag - in einer Hinsicht hat das Leben in der DDR schon seine Spuren hinterlassen: in der Erwartung an den vormundschaftlichen Staat. Der Unterschied ist nur, daß sich die Heilserwartungen nun auf neue Obrigkeiten richten - und nicht, wie nicht zuletzt die DDR-Wahlen zeigten, darauf, mit neuen sozialen Kräften und politischen Bewegungen eigene Auswege zu suchen.

Daß die DDR auf die "Wiedervereinigung" nicht eingerichtet ist, heißt auch: nicht auf das Tempo, in dem sie sich nun zu vollziehen scheint. Nicht die Wiedervereinigung an sich, wohl aber ihre konkreten Verlaufsformen werden neuen Konflikten zuarbeiten. Im tieferen Sinne kollidieren mit dieser Entwicklung "zur deutschen Einheit" nicht nur zwei gegensätzliche Wirtschaftssysteme, was allein schon genug Konfliktpotential mit sich bringt. Es kollidieren sehr unterschiedliche technologische Niveaus, so daß, was die Konkurrenzfähigkeit der DDR-Industrie angeht, sehr düstere Prognosen angebracht sind.

Vor allem aber kollidieren gegensätzliche soziale Wertesysteme. In einer Hinsicht ist die DDR-Erfahrung so spurlos nicht. Während sich mit der wirtschaftlichen Entwicklung völlig neue Formen und Dimensionen der sozialen Ungleichheit herausbilden werden (und schon herausbilden), lehnt das historisch gewachsene soziale Wertesystem Ungleichheit mehr oder weniger pauschal ab. Schon in einer Zeit, als von der gegenwärtigen Erosion noch keine Rede sein konnte, war es schwierig genug, ein "sozialistisches" (d.h. moderates) Leistungsprinzip sozial akzeptabel zu machen. Leiter galten nicht nur in der offiziellen Ideologie als "Beauftragte der Arbeiterklasse", sondern auch im Alltagsbewußtsein des Arbeiters - mit dem Ergebnis, daß Prestige- und Autoritätsverluste von Leitern, Ingenieuren etc. sehr wesentlich zu jenen Faktoren gehören, welche die Innovations- und Leistungsschwäche der DDR-Wirtschaft erklären.

Folgerichtig wird sich die DDR auf der Ebene sozialer Strukturen kräftig ausdifferenzieren. Ob das Wort von der "Zweidrittelgesellschaft", von westlichen Soziologen für diese Welt geprägt, dort völlig zutrifft, wollen wir nicht erörtern. Für die DDR, ob nun als eine Art "deutscher Reststaat" oder wie auch immer, wird es jedenfalls eine Weile gelten. Es wird, analog zur Differenzierung nach "Rationalisierungsgewinnern und -verlierern" mit Sicherheit auch Gewinner und Verlierer der Wiedervereinigung geben - wobei hinzukommt, daß ein beträchtlicher Teil der Gewinner von außen kommt, während die Verlierer des Prozesses ausschließlich auf unserer Seite zu suchen sein werden: es werden summarisch all jene sein, die, aus welchen Gründen auch immer, nicht imstande sind, sich in den völlig neuen Mechanismen einer Konkurrenzgesellschaft zurechtzufinden.

So ist der Ausblick, alles in allem, wenn schon nicht pessimistisch, so doch jedenfalls skeptisch. Indessen ist eine gesunde Skepsis für Soziolo gen eine Art berufsbedingter Notwendigkeit. Freilich werden wir auch in dieser Hinsicht eine Neuauflage jenes Schicksals erleben, an das wir uns in der DDR-Geschichte zu gewöhnen hatten: Rufer in der Wüste zu sein. In der alten DDR-Gesellschaft eher widerwillig geduldet, wird un ser Einfluß auf die neuen Entwicklungen nicht größer sein. Daß wir die ses Schicksal mit allen linken Intellektuellen (nicht nur unseres Landes) teilen, ist ein schwacher Trost.

Ingrid Lötsch

Zur Sozialstrukturforschung in der DDR: kurzer Rückblick

Im Rahmen der soziologischen Beschäftigung mit dem Thema "Sozialstruktur" gab es in der DDR Forschungen zur sozialen Ungleichheit in einem vermittelten Sinne. Die gesellschaftspolitischen und ideologischen Rahmenbedingungen ließen eine konzeptionelle soziologische Untersuchung sozialer Ungleichheit nicht zu - weil es Ungleichheit in einer Gesellschaft, die offiziell als harmonisch definiert wurde (von der Idee einer "sozialistischen Menschengemeinschaft" bis zum dominierenden Ansatz der "Annäherung der Klassen und Schichten"), von vornherein nicht geben durfte, da "nicht sein kann, was nicht sein darf". Weil nun aber "Ungleichheit" ein zentrales soziologisches Thema ist, konnte es nicht einfach ignoriert werden - einige wichtige Teile des Problems wurde in anderen soziologischen Untersuchungen sozusagen mitgedacht und untergebracht (beispielsweise Probleme der sozialen Mobilität in der Jugend- und Studentenforschung, Aspekte der sozialen Ungleichheit zwischen "Stadt und Land" in der Soziologie des Territoriums etc.). Vor allem die Sozialstrukturforschung der letzten Jahre tendierte mehr und mehr in Richtung Ungleichheitsforschung.

Für die soziologischen Untersuchungen zur Sozialstruktur, wie sie seit Anfang der siebziger Jahre in der DDR durchgeführt wurden, ist ein merkwürdiger Dualismus kennzeichnend:

- Einerseits konnte sich auch dieser Bereich der Soziologie offiziellen ideologischen Vorgaben und Tabuisierungen nicht völlig entziehen; während ihm (wie der Soziologie und der Gesellschaftswissenschaft insgesamt) abverlangt wurde, die "Politik der Partei zu erläutern" (Hager), gehörte es schon zum beruflichen Selbstverständnis der Soziologen, wissen zu wollen, wie die Dinge wirklich sind. Spannungen zwischen Soziologen und Politikern blieben unter diesen Umständen nicht aus - die Konflikte äußerten sich vor allem in Rede- und Publikationsbehinderungen.

- Andererseits war in den Grenzen feststehender (aber nirgends definierter) Spielregeln doch einiges möglich. Auf bestimmte wissenschaftliche Fragestellungen - wie beispielsweise die Untersuchung von Machtstrukturen - mußte verzichtet werden. Wie andere Gesellschaftswissenschaftler auch, hatten auch die Soziologen die "Schere im Kopf" und konzipierten nur das, was mit einer gewissen Wahrscheinlichkeit auch realisierbar war. Dieser Zensurmechanismus betraf natürlich nicht nur die konzeptionelle Anlage von Untersuchungen, sondern erst recht die Veröffentlichung empirischer Forschungsergebnisse. Die Folge ist, daß das äußere Erscheinungsbild der DDR-Soziologie nicht mit ihrem wirklichen Inhalt identisch ist.

Gesellschaftspolitische Zielvorstellungen, in deren Rahmen sich auch die Soziologie irgendwie zu bewegen hatte, waren eine direkte Fortsetzung der dominierenden offiziellen Ideologie. Über mehr als zwei Jahrzehnte hinweg galt "soziale Gleichheit", simplifiziert verstanden als Nivellierung, als das übergreifende Entwicklungsziel, weshalb auch die soziologische Forschung in diesem Kontext keine Ungleichheitsforschung durchführen konnte.

Soziale Gleichheit sollte über den Prozeß der "Annäherung der Klassen und Schichten" (eine Zeitlang gar als Annäherung an die als "führend" definierte Arbeiterklasse) sowie die "Reduzierung wesentlicher sozialer Unterschiede zwischen körperlicher und geistiger Arbeit und zwischen Stadt und Land" als die Grundprozesse der sozialstrukturellen Entwicklung erreicht werden, wodurch schließlich (wenn auch in einem größeren zeitlichen Rahmen) die soziale Struktur der klassenlosen Gesellschaft und damit am Ende soziale Gleichheit entstehen sollte.

Bereits die erste größere soziologische Untersuchung zur Sozialstruktur (1973) kam zwangsläufig mit diesen offiziellen politischen Zielvorstellungen in Konflikt. Diese Untersuchung war für die Beschäftigtengruppen der zentralgeleiteten sozialistischen Industrie (Funktionsgruppen nach der Stellung im System der gesellschaftlichen Arbeitsteilung) repräsentativ - was schon in der konzeptionellen Phase des Projekts zur Kritik führte, weil es prinzipiell falsch sei, die "in ihrem Wesen einheitliche Arbeiterklasse aufgliedern zu wollen". In einem gewissen Sinne ist die politisch-ideologische Ablehnung solcher soziologischer Untersuchungen logisch-konsequent; wenn weder die Gesellschaft insgesamt noch die Arbeiterklasse ideologisch als differenziert gedacht wurde, durfte sie das real eben auch nicht sein. Mit einer "Menschengemeinschaft" oder "politisch-moralischen Einheit" ist die soziologische Suche nach sozialen Unterschieden (von Ungleichheit ganz zu schweigen) eben nicht zu vereinbaren.

Aber das ist nur die eine Seite. Irgendwo gelang es am Ende doch, diese Untersuchung durchzuführen - sie hatte dann sogar eine Art "Durchbruchfunktion". Ihr folgten ähnliche Untersuchungen in anderen Wirtschaftsbereichen und schließlich eine internationale Gemeinschaftsuntersuchung von Soziologen aus der Sowjetunion, der CSSR, Ungarn, Polen, Bulgarien und der DDR - deren Ergebnisse aber auch in internen Forschungsberichten steckenblieben.

Trotz aller Behinderungen und Tabuisierungen waren diese Forschung nicht ergebnis- und wirkungslos. Sie zeigten empirisch (und damit am Ende nicht zu widerlegen), daß die sozialistische Gesellschaft sehr wohl eine sozial differenzierte Gesellschaft ist und daß die wesentlichen Determinanten anders verlaufen, als in offiziellen Texten behauptet wurde. So zeigte schon die Untersuchung von 1973, nicht der Unterschied zwischen körperlicher und geistiger Arbeit ist für die soziale Lage bestimmend, sondern die Differenzierungen stellen sich bedeutend spezifischer dar: beispielsweise waren die Unterschiede nach dem geistigen Niveau der Arbeit selbst gravierender als die zwischen körperlicher und geistiger Arbeit.

Vor allem aber wurde deutlich, daß die Zielstellung, "soziale Unterschiede zu reduzieren und sie schließlich ganz aufzuheben", so, wie sie gemeint war, zu grundsätzlich falschen praktischen Konsequenzen führen mußte: eben zur bereits dargestellten dysfunktionalen Nivellierung. (Krassestes Beispiel hier war in dieser Untersuchung die Einkommensstreuung: das untere Quartal des Einkommens der Hochschulkader war dem oberen Quartal der Ungelernten nahe und überschnitt sich mit dem der Angelernten). Übrigens wurden in dieser Untersuchung wesentliche Aspekte der sozialen Differenzierung, sofern diese mit dem Inhalt und den Bedingungen der Arbeit zusammenhängen, nicht erfragt, sondern über eine Arbeitsplatzanalyse erfaßt, wodurch ein bedeutend genaueres Bild über die wirklichen Inhalt und Bedingungen der Arbeit gewonnen werden konnte.

In diesem Zusammenhang ist die erwähnte internationale Gemeinschaftsuntersuchung von Soziologen der UdSSR, der DDR, Ungarns, Bulgariens und Polens auch insofern bemerkenswert, weil sie an der Grundfrage, wie empirisch vorgefundene Differenzierungen und Nivellierungen zu bewerten sind, letztlich scheiterte. Gemeinsame Forschungsberichte kamen nicht zustande, Daten wurden zurückgehalten etc., weil vor allem die sowjetischen Teilnehmer die von DDR-Seite, von ungarischen und einigen anderen Teilnehmern vorgetragene Ansicht nicht teilen konnten, dysfunktionale Nivellierungen seien etwas völlig anderes als soziale Gleichheit. Insofern kann man sagen, letztlich waren Widersprüche zwischen Realität und offizieller Politik wesentliche Gründe für den Abbruch der Untersuchungsauswertung - nur daß sich eben Soziologen unterschiedlich für oder gegen offizielle ideologische Deutungsmuster aussprachen.

Vermittelt durch solche und ähnliche Kontroversen rückte Anfang der 80er Jahre das Problem der Effizienz sozialer Strukturen in den Mittelpunkt. Zugleich verlagerte sich das soziologische Interesse vom "angewiesenen" Schwerpunkt "Arbeiterklasse" in Richtung auf die "Intelligenz", ging es in soziologischen Diskussionen und Veröffentlichungen (z.B. Ingenieure in der DDR. Berlin 1988) immer prononcierter um die Frage, wie soziale Strukturen beschaffen sein müssen und notfalls verändert werden sollten, um die wirtschaftliche Leistungsfähigkeit des Landes zu verbessern. Soziale Unterschiede wurden als eine Erscheinung definiert, der ein "Doppelcharakter" eigen ist: (1) Es können Erscheinungen sein, die mit progressiven Zielen und humanistischen Werten nicht vereinbar sind und somit möglichst überwunden werden sollten. (2) Es können aber auch Erscheinungen sein, die durch Leistungsunterschiede legitimiert und insofern sozial gerecht sind. Ohne Leistungsprinzip und entscheidende soziale Differenzierungen sind Innovationsfähigkeit, technologischer Fortschritt und Wirtschaftswachstum nicht möglich.

All das wurde nicht nur intern gedacht, sondern auch publiziert (beispielsweise in: Lötsch/Lötsch. Soziale Strukturen und Triebkräfte. Versuch einer Zwischenbilanz und Weiterführung der Diskussion. In: Jahrbuch für Soziologie und Sozialpolitik 1985. S. 159ff). Die Chance, solche Vorstellungen könnten von den Trägern politischer Entscheidungen angenommen werden, war natürlich gering, da noch immer die Annäherung der Klassen und Schichten und die Reduzierung aller wesentlichen sozialen Unterschiede als übergreifende Entwicklungsziele und damit auch als ideologische Fixpunkte gesetzt waren. Unter sozialer Gleichheit wurde nach wie vor simplifizierend Nivellierung verstanden, Ausgleichung sozialer Unterschiede (notgedrungen auf niedrigem Niveau - zumindest vorläufig und für die Masse des Volkes). Und das unter Berufung auf Marx, was schon an Zynismus grenzt, weil die bekannte Formel von der freien Entwicklung eines jeden als Bedingung für die freie Entwicklung aller das Gegenteil von Nivellierung meint, nämlich Vielfalt oder - wenn man so will - Pluralismus.

Ein weiteres - scheinbar eher methodisches Problem - der sozialstrukturellen Forschung war die Begrenzung der empirischen Untersuchungen auf die Grundgesamtheit Berufstätige bzw. Teile der Berufstätigen. Begründbar war diese Eingrenzung mit dem notwendigen statistischen Genehmigungsverfahren für soziologische Untersuchungen. Diese Rücksicht auf forschungstechnische Probleme führte aber zugleich zur Ausgrenzung sozialer Problemgruppen aus sozialstrukturellen Untersuchungen.

Mit anderen Worten: Wesentliche Seiten der sozialen Differenzierung und insbesondere soziale Ungleichheit wurden empirisch gar nicht untersucht. Das betrifft insbesondere

- Unterschiede in der Macht und im Zugang zur Macht
- Unterschiede in der Lebenslage der Wohnbevölkerung, d.h. vor allem nach der Achse Berufstätige - Nichtberufstätige (insbes.. Rentner im Vergleich zu Berufstätigen)
- Unterschiede hinsichtlich einer elementaren Frage menschlichen Daseins - der gesundheitlichen Betreuung. Die Bedürfnisforscher waren der Meinung, auf diesem Gebiet seien die sozialen Unterschiede überwunden - ein leicht nachweisbarer Irrtum.
- Verfall des sozialen Status der Intelligenz (als Folge des Dogmas von der führenden Rolle der Arbeiterklasse) und als Intelligenzfeindlichkeit immer noch existent.
- Unterschiede in der politischen Struktur und deren Entwicklung. Statistische Daten zur sozialen Lage, wie sie im Sozialbericht des Instituts für Soziologie und Sozialpolitik der Akademie der Wissenschaften der DDR enthalten sind, erschließen sich vor diesem Hintergrund. Einige dieser Daten werden im folgenden kurz vorgestellt - ausführlicher siehe: Sozialreport '90. Daten und Fakten zur sozialen Lage in der DDR. Hrsg. G. Winkler. Berlin 1990.

Bevölkerung

Die Altersstruktur der DDR-Bevölkerung war durch einen überproportionalen Anteil von Personen im Rentenalter gekennzeichnet. Diese Überalterung wurde durch die Abwanderung (Übersiedlung) von überwiegend jüngeren Personen verstärkt.

Die DDR-Bevölkerung per 31.12.1989: 16,3 Mio. mit einem Durchschnittsalter von 37,52 Jahre. Die Hauptaltersgruppen gliederten sich 1989: Kindesalter 19,05%, arbeitsfähiges Alter 64,80% und Rentenalter

16,15%.

Die Wanderungsbilanz für die DDR war durchweg negativ - insbesondere bis 1961 und ab 1989. Allein 1989 beziffern sich die Auswanderungen auf 343.000; es wanderten vor allem jüngere Personen aus: 76,6% waren jünger als 40 Jahre, 23,2% waren im Kindesalter, 73,8% waren im arbeitsfähigen Alter und 3,0% waren im Rentenalter. Die Auswanderer kamen vor allem aus den Südbezirken und Berlin: 17,9% der Ausgewanderten kamen aus dem Bezirk Dresden, 15,6% der Ausgewanderten kamen aus dem Bezirk Karl-Marx-Stadt, 12,7% der Ausgewanderten kamen aus Berlin und 10,5% der Ausgewanderten kamen aus dem Bezirk Leipzig.

Im Sommer 1989 in der BRD befragte Übersiedler gaben als Gründe an: 74% fehlende Meinungs- und Reisemöglichkeiten, 72% fehlende Möglichkeiten, das Leben nach eigenen Vorstellungen zu gestalten, 69% fehlende bzw. ungünstige Zukunftsaussichten und 56% materielle Lebensbedingungen.

Die Religionszugehörigkeit der Wohnbevölkerung veränderte sich wie folgt:

	1950	1989
evangelisch:	80,6%	30,0%
katholisch:	11,0%	06,1%
andere:	00,7%	00,4%
ohne:	07,6%	63,5%

Sozialstruktur

Erst- und letztmalig zur Volkszählung 1981 wurden die wirtschaftlich Tätigen sozialen Hauptgruppen zugeordnet. Es ergab sich folgende Struktur: 54,4% Arbeiter, darunter 31,7% in Produktionsberufen, 22,7% in anderen Arbeiterberufen, 36,1% Angestellte, darunter, 25,9% Leistungs- und Verwaltungspersonal, 10,2% Geistesschaffende, 9,5% Genossenschaftsmitglieder und andere Berufsgruppen.

Die sozialökonomische Struktur der Berufstätigen sah zum 30.9.1989 wie folgt aus: Volkswirtschaft insgesamt 100%; davon sozialistische Betriebe 94,63%, davon volkseigene Betriebe 79,64%, Organisationsbetriebe 0,07%, zwischenbetriebliche E. 0,63%, Produktionsgenossenschaften 10,51%, Konsumgenossenschaften 2,88%, Betriebe VdgB 0,51%, sonstige Genossenschaften 0,19%, Parteien/Massenorganisationen 0,20%; privates Handwerk 3,12%, übrige Privatbetriebe 0,97%, freiberuflich Tätige 0,18%, private Haushalte 0,03%, Kommissionshändler 0,56%, Betriebe mit staatlicher Beteiligung 0,02% und Kirchen/Religonsgemeinschaften 0,50%.

Bildung/Qualifikation

Zur letzten Volkszählung (1981) hatte die Wohnbevölkerung (ab 14 bzw. 16 Jahre) folgende Bildungs- und Qualifikationsabschlüsse: Schulbildungsabschluß: 8. Klasse 57,2%, 10. Klasse 28,6%, 12. Klasse (Abitur) 7,4% und ohne einen der genannten Abschlüsse 6,8%; Qualifikationsabschluß: Facharbeiterabschluß 48,0%, Meisterabschluß 4,0%, Fachschulabschluß 9,8%, Hochschulabschluß 5,3% und ohne einen der genannten Abschlüsse 32,8%.

Per 31.10.1989 hatten die Berufstätigen in der volkseigenen und genossenschaftlichen Wirtschaft folgende Berufsausbildung (%) - bei 100% Berufstätige insgesamt -: 8,1 mit Hochschulabschluß, 14,1 mit Fachschulabschluß, 4,2 mit Meisterabschluß, 60,6 mit Facharbeiterabschluß, 3,3 mit Teilausbildung, 9,7 ohne abgeschlossene Berufsausbildung.

Von den Schülern gingen von der 8. in die 9. Klasse über: 1959 40%,
1970 85% und 1989 94%. Die Schulabgänger 1988/89 hatten folgende
Schulbildungsabschlüsse: 10. Klasse 90,4%, 9. Klasse und 10. Klasse vor-
zeitig 2,5%, 8. Klasse 5,3% und ohne 8. Klasse bzw. vorher 1,8%.

Einkommen

Das Einkommensniveau in der DDR lag weit unter dem der BRD; die
Nettogeldeinnahmen bzw. verfügbaren Einkommen der privaten Haushalte betrugen je Einwohner und Monat 1988 813 Mark (zum Vergleich:
1814 DM). Einkommen und Rente in der DDR lagen weit unter bun-
desdeutschem Niveau: 1989 Durchschnittseinkommen (netto) DDR 980
M und BRD 2300 DM; die Durchschnittsrente betrug in der DDR 447
M und in der BRD 1094 DM. Struktur der Nettogeldeinnahmen 1989:

- aus Arbeitseinkommen (netto) 72,2%;
- aus gesellschaftl. Fonds 22,8%;
- aus sonstigen Geldeinnahmen 4,4%;
- aus Krediten (Saldo) 0,7%

Die Durchschnittsrente in der DDR betrug nach der letzten Rentener-
höhung Ende 1989 517,63 M für Männer und 417,37 M für Frauen. In
der DDR gab es 1989 ca. 2,8 Mio Rentner. Betrachtet man alle Alters-
rentner, so erhielten 57 von 1000 die Mindestrente von zuletzt 330 Mark,
von diesen 57 Rentnern waren 56 Frauen. In der DDR gab es keine dy-
namischen Renten, daher erhöhte sich der Abstand zum Durchschnitts-
lohn ständig: Differenz 1950 220 Mark, 1960 400 Mark, 1970 550 Mark,
1980 680 Mark und 1988 890 Mark.

Die höchste Wachstumsrate der Sozialversicherungsausgaben erreichten
die Geldleistungen bei Mutterschaft mit 190% - die niedrigste die Renten mit 110%. Die Hauptleistungen der Sozialversicherung gliederten
sich 1988 folgendermaßen auf: 43% Rentenversorgung, 36% gesund-

heitliche Leistungen und 21% sonstige soziale Leistungen.

Wohnen

Im Durchschnitt gab es je Einwohner 1,2 Wohn- und Schlafräume, einschließlich Nebenräume eine durchschnittliche Wohnfläche von 27 m².
Rund 7 Mio. Wohnungen gab es Anfang 1990 - auch 1990 wird es noch
rund 1 Mio. Wohnungen ohne Bad und IWC geben (einen höheren Anteil solcher Wohnungen gibt es in den Bezirken Chemnitz und Dresden).
3 bis 5% des Wohnungsbestandes sind ungenutzt bzw. zweckentfremdet.
Das Durchschnittsalter der Wohnungen ist hoch: ca. 45% des Wohnungsbestandes ist vor 1949 gebaut worden, die Werterhaltung wurde
vernachlässigt.
Die Mieten betrugen je m² 0,80 bis 1,25 Mark monatlich plus 0,40 M für
fernwärme- und zentralbeheizte Wohnungen. Die Miete betrug im
Durchschnitt weniger als 3% des Haushaltseinkommens (bei Rentner-
haushalten ohne Arbeitseinkommen mit unter 400 M Monatseinkom-
men jedoch 8,2%).

Hildegard Maria Nickel

Zur sozialen Lage von DDR-Frauen

51,6 Prozent der Arbeitslosen in der DDR sind derzeit Frauen. Ihr Anteil an den Kurzarbeitern und schwervermittelbaren Arbeitskräften steigt in atemberaubendem Tempo. Deutschlands bleiche Schwestern soll es - so die Leitlinien des Ministeriums für Familie und Frauen in der DDR - in Zukunft wieder möglich sein, und zwar "ohne zu große soziale Nachteile"[1], sich für eine Tätigkeit in der Familie entscheiden zu können. Ist es das, was Frauen nach 40jähriger zentralstaatlicher Gleichberechtigungspolitik wollen? Welche Erfahrungen haben DDR-Frauen mit der Gleichberechtigung gemacht und was bringt ihnen das deutsche Vaterland? Wie ist die soziale Lage von Frauen in der DDR an der Schwelle zum Übergang in die Marktwirtschaft?

1. Verordnet und nicht erkämpft

Noch ist beinahe die Hälfte der Berufstätigen in der DDR weiblich. Unterschiede im Niveau der formalen beruflichen Qualifikation von Frauen und Männern sind sukzessive abgebaut worden. Bei den unter

---

1   Familienpolitische Leitlinien des Ministeriums für Familie und Frauen, Manuskriptdruck, Berlin 1990.

40jährigen gibt es fast gar keine mehr. 1988 waren 91 Prozent aller Frauen im erwerbsfähigen Alter berufstätig und davon hatten 87 Prozent eine abgeschlossene berufliche Ausbildung. Diese Faktoren galten bis vor kurzem in der Politik und in der Ideologie, in den Medien und offiziellen Verlautbarungen der DDR als Beweis für die erfolgreiche Realisierung von Gleichberechtigung. Die Ideologie hat einen Mythos produziert, der gebetsmühlenartig wiederholt und schließlich für die Realität gehalten wurde.

Die Mythologie von der Gleichberechtigung hat sich in den Köpfen vieler Frauen festgesetzt und sie schließlich blind gemacht für die realen Benachteiligungen, denen Frauen tagtäglich nicht bloß passiv ausgesetzt waren, sondern in denen Frauen sich auch eingerichtet hatten. Jetzt verweisen die Frauen auf die schlechteren Startplätze bei dem Sprung in die marktwirtschaftliche Zukunft.

Tabuisiert wurde - und zwar seit Anfang der 70er Jahre verstärkt -, daß mit der formalen Gleichberechtigung längst nicht die sozialen Ungleichheiten zwischen den Geschlechtern beseitigt waren und daß eine Sozialpolitik, die einseitig auf die Vereinbarkeit von Mutterschaft und Berufstätigkeit setzt, immer wieder neue Diskriminierungen und Benachteiligungen schaffen muß. Frauen ließen sich auf Reproduktions- und Dienstleistungsarbeit verpflichten, und zwar im Rahmen von öffentlichen Diensten und als Berufsarbeit wie im Privaten. Frauen waren durchaus dankbar für eine Sozialpolitik, die "Vater Staat" ihnen zuteilte und die sie sozial absicherte, versorgte, die sie aber auch in paternalistische Abhängigkeit festhielt.

Die administrative patriarchalische Gleichberechtigungspolitik der SED-Regierung in den vergangenen Jahren ist strukturelle Grundlage dafür, daß Frauen und Männer trotz der beeindruckenden Belege über den scheinbar unaufhaltsamen Aufstieg der Frauen in der DDR sozial Ungleiche blieben. Auf dem Hintergrund lauthals propagiert Gleichberechtigung konnte Mann ganz selbstverständlich an der traditionellen Arbeitsteilung zwischen den Geschlechtern festhalten und geflissentlich die sozialen Differenzen und das Machtgefälle zwischen Frauen und Männern übersehen. Mehr noch, die patriarchale Konstruktion der Gleichberechtigungspolitik, der ihr inhärente Androzentrismus, entließ Männer beinahe gänzlich aus ihrer Verantwortung als Väter und Ehemänner, aus ihren Pflichten der nachwachsenden Generation und den Müttern ihrer Kinder gegenüber.

Meine zentrale These, die ich im folgenden zu belegen und zu erläutern versuche, lautet: Allein die Tatsache, daß Frauen und Männer verschiedene Arbeiten verrichten, Verschiedenes tun, bedeutet nicht soziale Ungleichheit. Aber in dem Maße wie sich die gesellschaftliche Arbeitsteilung als Machtverhältnis zwischen den Geschlechtern, als Organisation von Herrschaft und Unterordnung und als Zuteilung von Lebensperspektiven und Handlungsräumen realisiert, ist sie konstitutives Moment patriarchaler Verhältnisse und Garant der Reproduktion dieser Strukturen. Arbeitsteilung in diesem Sinne zeigt sich in drei Dimensionen:

1. in der - vertikal und horizontal gesehen - unterschiedlichen sozialen Stellung der Geschlechter im System der vergesellschafteten Arbeit, in der Berufsarbeit. Daran ist die Verfügungsgewalt über zeitliche, ökonomische, soziale und kulturelle Ressourcen und ein feinmaschiges Netz von Über- und Unterordnung gebunden.
2. in der nach Geschlecht differenten Zuständigmachung für Produktions- respektive Reproduktionsleistungen, also in der Sozialisation, die "wesensmäßige" Zuschreibung von Pflichten und Verantwortung an die Geschlechter beinhaltet.
3. in der Alltagspraxis von Frauen und Männern, in der routinemäßigen Lebensproduktion im Rahmen von Familie und Privatheit.

2. Gleichberechtigung, aber ungleiche Arbeit

Spätestens seit Ende der 60er Jahre ist in der DDR von einer nach Geschlecht polarisierten Wirtschafts- und Berufsstruktur zu reden, überproportional ist der Frauenanteil im Sozialwesen (91,8 Prozent), im Gesundheitswesen (83,1 Prozent), im Bildungswesen (77 Prozent), im Handel (72 Prozent) und im Post- und Fernmeldewesen (68,9 Prozent). Unterrepräsentiert sind Frauen in der Industrie, im Handwerk, in der Bauwirtschaft, in der Land- und Forstwirtschaft und im Verkehrswesen. Der Anteil der Frauen in leitenden Positionen beträgt momentan immerhin noch insgesamt knapp ein Drittel, variiert aber stark nach Wirtschaftsbereichen und nimmt generell mit der Höhe der Position deutlich ab, auch in jenen Bereichen, in den Frauen überrepräsentiert sind. Frauen sind überall in der Gesellschaft, Wirtschaft und Politik die zweiten Plätze zugewiesen. Obwohl Mädchen in der DDR gleichermaßen wie Jungen einen soliden Berufsabschluß anstreben, ist das Berufswahlfeld für Mädchen wesentlich enger als für Jungen. Wie prekär die Situation ist, zeigt sich darin, daß sich mehr als 60 Prozent - also fast ein Drittel - der Schulabgängerinnen des Jahres 1987 auf nur 16 Facharbeiterberufe (von 259) verteilen.[2] Einige dieser Berufe werden so gut wie ausschließlich von Mädchen erlernt. Das betrifft den Facharbeiter für Schreibtechnik[3] (Stenotypistin), aber auch den Fachverkäufer, den Wirtschafts- und Finanzkaufmann, den Facharbeiter für Textiltechnik und schließlich solche Berufe, die eine längere Ausbildungszeit, nämlich die Fachschulqualifikation erfordern wie pädagogische und medizinische Berufe. All diesen Berufen ist eines gemeinsam: Sie sind die am schlechtesten bezahlten Berufe.

In weiteren 23 Facharbeiterberufen belief sich der Mädchenanteil bei den Aufnahmen durchschnittlich auf 50 Prozent (z.B. Feinmechaniker, Facharbeiter für automatisierte Anlagen). In rund 48 Facharbeiterberufen betrug der Anteil der Mädchen an den Lehrlingen nur zwischen 1 und 5 Prozent (z.B. Installateur, Facharbeiter für BMSR-Technik).

In der zur Zeit bessere bezahlenden Industrie beträgt der Anteil der Frauen ca. 40 Prozent. Gehen Mädchen in diesen Ausbildungsbereich, so sind es auch hier bestimmte Felder, die ihnen reserviert sind, wie die

---

2   Studie zur beruflichen Orientierung der Mädchen und Frauen, Zentralinstitut für Berufsbildung, Berlin 1985 (unveröff.).
3   Die offizielle Berufsbezeichnung ist auch in den Berufen, in denen Frauen überrepräsentiert sind, meistenteils männlich.

Textil- und Bekleidungsindustrie zum Beispiel oder Bereiche der elektronischen und elektrotechnischen Industrie, die vor allem auf das Fingerspitzengefühl und Fingerfertigkeit von Frauen setzen. Seit 1975 - im Zuge der konservativen Sozialpolitik - sind vor allem solche Stellenangebote für Mädchen rückläufig, die sich im Zentrum der Technikgestaltung und -beherrschung befinden: Wartungsmechaniker für Datenverarbeitung und Büromaschinen (von 30,1 auf 18,4 Prozent), Elektromonteur (von 7,9 auf 3,7 Prozent), Facharbeiter für Bedien-, Meß-, Steuer- und Regeltechnik (von 25,9 auf 8,4 Prozent).[4] An der Peripherie hingegen bzw. in den ausführenden Bereichen in der Industrie wächst der Frauenanteil: Chipproduktion, Facharbeiter für Datenverarbeitung (zur Zeit 71,2 Prozent), Facharbeiter für chemische Produktion (82,1 Prozent).

Frauen haben in der Industrie die unattraktiven Arbeitsplätze. Sie sind - auch wenn sie wie in der Textilindustrie zum Beispiel mit modernsten Produktionsanlagen umgehen - häufiger dort zu finden, wo eine enge technologische Bindung geringe Kommunikationsmöglichkeiten läßt, und sie arbeiten darüber hinaus auch unter den ungünstigeren arbeitshygienischen Bedingungen. Ihre Tätigkeiten setzen angeblich geringere Qualifikationsanforderungen voraus und sind demzufolge auch in der Industrie meist mit geringerem Einkommen verbunden. Seit Jahren wurde in der DDR in den Lehrstellenangeboten eine negative Quotierung praktiziert: Frauen wurden systematisch aus Männerberufen wie Männer aus Frauenberufen ausgegrenzt. Das gereichte vor allem den Mädchen zum Nachteil. Das Berufswahlfeld für Mädchen beschränkte sich weitgehend auf traditionelle Frauenberufe und war damit stark eingeengt. Der Kampf der Mädchen um lukrative Angebote ist demzufolge nicht nur härter, sondern auch aussichtsloser als für Jungen. Oft sind die gezwungen, auf "Notlösungen" zurückzugreifen oder "Übergangslösungen" zu akzeptierten. Das heißt, sie erlernen einen Beruf, von dem sie von vornherein wissen, daß sie ihn nach Beendigung des Ausbildungsverhältnisses, spätestens aber bei der Geburt eines Kindes nicht mehr ausüben werden. Betriebs- und Kombinatsdirektoren haben lange vor der Wende - trotz staatlicher Auflagen - sukzessive den Anteil

---

4   Studie zur beruflichen Orientierung der Mädchen und Frauen, a.a.O.

weiblicher Lehrlinge in zukunftsträchtigen technischen Berufen reduziert zugunsten von männlichen Bewerbern. Sie begründeten das mit der hohen Ausfallrate der Frauen infolge sozialpolitischer Maßnahmen (Babyjahr, Ausfall bei Krankheit des Kindes etc.), der hohen Fluktuationsrate der Frauen, dem mangelnden technischen Interesse der Mädchen und den fehlenden sozialen und hygienischen Bedingungen für Frauen in Männerdomänen.[5] Ähnlich polarisiert wie bei den Facharbeiterberufen ist die Einmündung in Fach- und Hochschuleinrichtungen: 96 Prozent aller zugelassenen Fachschüler nach der 10. Klasse in medizinischen (Krankenschwestern, medizinisch-technisches Personal, Physiotherapheuten etc.), pädagogischen (Krippenerzieher, Kindergärtner, Unterstufenlehrer) und künstlerischen Fachrichtungen sind Mädchen. Der Frauenanteil am Fachschuldirektstudium beträgt insgesamt 82 Prozent. Trotz vergleichsweise längerer Ausbildungszeiten sind die Einkommen der Fachschulabsolventen niedrig, sie liegen oft unter denen der Facharbeiter.

Im Hochschuldirektstudium sind es die folgenden Fachrichtungen, in denen der Frauenanteil überwiegt: (Stand 1988) Insgesamt im Direktstudium 49,2%, Päd. Wissenschaften 72,8%, Wirtschaftswissenschaften 67,0%, Literatur- und Sprachwissenschaften 61,2%, Medizin 55,8%, Mathematik, Naturwissenschaften 50,4%, Wissenschaftszweige mit niedrigem Frauenanteil; Technische Wissenschaften 26,5% (Neuzulassungen 1988, sogar nur 23,7%), Phil., hist., Staats- und Rechtswissenschaften 35,6%, Kultur-, Kunst- und Sportwissenschaften 38,5%.

Insgesamt sind im Bereich "Wissenschaft" fast die Hälfte des wissenschaftlichen Fachpersonals Frauen, aber an keiner wissenschaftlichen Einrichtung liegt der Frauenanteil an Dozenten, Professoren oder Leitern größerer Struktureinheiten wesentlich über 15 Prozent. Im gesamten Bereich des Hochschulwesens beträgt der Anteil der Frauen auf den obersten Leitungsebenen (Rektoren/ Prorektoren/ Sektionsdirektoren) zwischen 2 und 3 Prozent.

---

5   Ebenda

3. "Uns wurde es gesagt und wir müssen uns damit abfinden" - Frauen
   zwischen beruflichem Engagement und beruflicher Verweigerung

Die gesellschaftliche Arbeitsteilung ist ein dynamisches, bewegliches Verhältnis, zumal unter den Bedingungen der wissenschaftlich-technischen Revolution. Allerdings vollziehen sich die Veränderungen vielschichtig, widerspruchsvoll und keinesfalls automatisch zugunsten von Frauen.

Jüngste, noch vor der Wende vom Institut für Soziologie an der Humboldt-Universität zu Berlin erhobene Befunde zur Einführung moderner Informations- und Kommunikationstechnik in Angestelltenberufen[6], und zwar in frauentypischen Berufsfeldern wie dem Versicherungswesen, dem Handel, der Industrieverwaltung einerseits und in männlich dominierten Produktions- und Konstruktionsbereichen andererseits zeigen: Die sozialen Wirkungen dieser neuen Technik sind zwar sozialdifferenziert, das heißt für unterschiedliche Qualifikations- und Berufsgruppen verschieden, ein Ende der Arbeitsteilung zwischen den Geschlechtern - und damit ein Abbau der Machtasymetrie - war nirgendwo in Sicht. Im Gegenteil, es bildeten sich "unter der Hand" ganz beiläufig neue Hierarchien, die Frauen wiederum in die zweiten Reihen verwiesen.

In den Untersuchungen ließen sich bestimmte Gruppen von Angestellten unterscheiden, die auch auf spezifische Weise vom Einsatz der Computertechnik profitieren. Die betriebliche Arbeitsteilung ist immer auch eine geschlechtliche. Frauen sind selten die Gewinnerinnen technischer Innovation.[7]

Insgesamt machten die Untersuchungen deutlich, daß Frauen weder konsequent und ihren Interessen gemäß in den Prozeß der Einführung

---

6   Forschungsberichte: Die soziale Realität der Einführung neuer Technologien, 1988 und Computerisierung der Büros 1989, Humboldt-Universität zu Berlin, Institut für Soziologie.
7   Ebenda

von IKT einbezogen wurden, noch zur Zeit wirklich davon profitieren. Die in diesem Zusammenhang ins Leben gerufenen Projektgruppen setzten sich zwar nominell auch aus Frauen zusammen, die von uns befragten Frauen hatten aber keine Ahnung von deren Struktur und Wirken. Einige Frauen - darunter vor allem die sogenannten Computerverantwortlichen - beklagten, daß die Softwareerstellung zu sehr "vom grünen Tisch" erfolge und sie als "Praktiker in Grund und Boden" geredet würden. Die Frauen wissen, daß es "ein großer Unterschied ist, ob man an der Entwicklung eines Programms beteiligt ist oder ein Programm nur abarbeitet." Sie können sich aber nicht vorstellen, wie sie selbst in den Prozeß eingreifen könnten. "Es passiert sowieso alles im Selbstlauf", ist eine typische Erfahrung der Frauen.

Tabuisierung dieser Probleme einesteils und Erfolgsbilanzen andernteils blockierten über Jahre die Entwicklung eines kritischen Bewußtseins, vor allem bei den Frauen selbst. Das um so mehr, als sie permanent einem enormen Streß kräftezehrender Doppelbelastung ausgesetzt sind. Die Gewerkschaft ist - gegenwärtig jedenfalls - nicht die Kraft, die den Frauen hilft, ihre Situation zu reflektieren und Gegenstrategien zu entwickeln. In den genannten Untersuchungsfeldern zeichnete sich zwar die dringende Notwendigkeit ab, über partizipatorisch ausgerichtete Technisierungsprozesse soziale Gestaltungspotentiale freizusetzen - und da hätten Frauen durchaus etwas zu sagen und einzubringen - die entsprechenden neuen demokratischen Strukturen müßten sich aber erst noch bilden und ihre Funktionsfähigkeit beweisen. Das Beharren auf alten, "bewährten" Strukturen - auch in den Geschlechterbeziehungen - war durchgängiger Trend. Und Fraueninteressen wurden selten - auch in Frauenbetrieben - als legitime und spezifische Interessen erkannt und berücksichtigt. DDR-Frauen scheinen erst wieder lernen zu müssen, ihre Angelegenheiten selbstbewußt in die eigenen Hände zu nehmen, sie eigensinnig durchzusetzen. Die zentralisierte Planwirtschaft und eine formalisierte innerbetriebliche (Schein-)Demokratie, die sich über die Köpfe hinweg und hinter dem Rücken der Betroffenen durchsetzte, haben Frauen mürbe gemacht. Sie haben sich schließlich vielfach damit abgefunden, daß die Dinge - auch ihre eigenen - "woanders beschlossen werden." Dabei wird das Ritual: "Uns wurde es gesagt, und wir müssen uns damit abfinden" aber von den Frauen durchaus ambivalent erfahren: Einesteils ist es funktional und kommt den Lebensumständen dieser Frauen auf gewisse Weise entgegen. Es entlastet sie von zu starker beruflicher Einbindung, Verpflichtungen und Verantwortung. Andernteils fühlen sie sich ausgegrenzt aus Entscheidungsprozessen, die sie selbst betreffen und bei denen sie mitreden wollen und in die sie aufgrund ihrer hohen fachlichen Qualifikation, beruflichen Erfahrung und vor allem sozialen Kompetenz einiges einzubringen hätten.

Oder sollte sich die Segmentation des DDR-Arbeitsmarktes schließlich doch noch als "Heimvorteil" für Frauen bezahlt machen? Der Dienstleistungsbereich auf dem Territorium der DDR wird künftig eher ausgebaut, als daß er noch wesentlich geschrumpft werden könnte. Momentan sind beispielsweise immerhin mehr als zwei Drittel der leitenden Positionen im Handel von Frauen besetzt. Wissen diese Frauen, was sie zu verlieren haben? Werden sie stark und clever genug sein, ihre Positionen zu behaupten? Umstrukturierungen stehen an, das heißt aber auch Risikobereitschaft, schnelles Reagieren, rasches Zupacken, Konkurrenzkampf um die besseren Plätze. Ein Kanincheneffekt, die Starre angesichts der unbekannten Schlange, macht vielen Frauen gegenwärtig handlungsunfähig, lähmt sie. Das nun wieder könnte Männern, die die neuen Chancen des Dienstleistungssektors längst erkannt haben, schnell zum Vorteil gereichen.[8]

4. Frauen in der "zweiten Schicht"

Hausarbeit ist die notwendige Kehrseite von Berufsarbeit und die ist in der DDR noch immer Frauensache. Trotz der fortschreitenden Technisierung der Haushalte und des Ausbaus gesellschaftlicher Dienstleistungen ist der Aufwand für Hausarbeit in den letzten 25 Jahren ziemlich konstant geblieben. Er liegt bei ca. 40 Stunden pro Woche, bezogen auf

8   Ebenda

eine Durchschnittsfamilie. Eine zweite Schicht. Das Dilemma wird auf traditionelle Weise gelöst: Drei Viertel der Hausarbeit werden von meist vollberufstätigen, d.h. 40 bis 43 3/4 Stunden pro Woche außer Haus beschäftigten Müttern erledigt. Frauen sind auch für das in Zeiteinheiten nicht zu messende Familienklima zuständig. Frauen müssen viele unbezahlte Liebesdienste leisten, wenn der Familienalltag funktionieren soll. Der Versorgungsmangel wurde individuell ausgeglichen: Frauen verwendeten 1985 beispielsweise wöchentlich 9 Stunden und 20 Minuten für die Zubereitung von Mahlzeiten, 6 Stunden und 40 Minuten für die Reinigung und Reparatur von Wäsche, 5 Stunden und 35 Minuten für die Reinigung der Wohnung, 3 Stunden und 35 Minuten zum Einkaufen. Männer hatten täglich 1 1/2 Stunden mehr Freizeit als Frauen und sie sind noch immer die Hauptverdiener und -ernährer der Familien. Sie verdienen ca. 25 bis 30 Prozent mehr als Frauen. 1988 betrug das durchschnittliche Nettoeinkommen der Männer 1.009,- und das der vollbeschäftigten Frauen nur 762,- Mark. Im Falle der Arbeitslosigkeit können Frauen demzufolge mehrheitlich auch nur mit dem Mindestbetrag von 495,- M rechnen.

Diese Arbeitsteilung hat Konsequenzen, die bis in die Lebensmuster der nachwachsenden jungen Generation hineinreichen: Mädchen suchen sich Berufe, die ihnen die Vereinbarkeit von Mutterschaft und Erwerbsarbeit erlauben und entziehen sich solchen, die eine Balance gefährden. Jungen hingegen wählen einen Beruf, bei dem "Mann" sehr gut verdient. Mit Blick auf die Zukunft grenzen sich sowohl Mädchen als auch Jungen von vornherein selbst aus bestimmten beruflichen Karrieren aus.

Gut ein Viertel aller berufstätigen Frauen ist teilzeitbeschäftigt. Der Wunsch nach verkürzter Arbeitszeit und flexibleren Formen von Arbeitszeitregelungen liegt noch weit darüber. Inge Lange, die Frauenpolitikerin des alten Machtapparates, glaube administrativ dagegen vorgehen zu können. Teilzeitarbeit dürfte nur in Ausnahmefällen genehmigt werden. In manchen Berufen ist sie gar nicht möglich.

Jahrzehntelang hatte es sich Inge Lange zur Aufgabe gemacht, darauf hinzuwirken, "daß die nachfolgende Generation junger Frauen erkennt, daß sich die Art und Weise ihrer Berufsarbeit, ihres Lebens als Mütter unter grundlegend besseren Bedingungen als für vorangegangene Frauengenerationen vollzieht und daß ihre Teilzeitarbeit nicht nur das gesellschaftliche Arbeitsvermögen schmälert, sondern auch ihre berufliche Entwicklung negativ beeinträchtigt.[9] Notfalls sollten Frauen zu ihrem Glück gezwungen werden. Der Zweck heiligte die Mittel. Gleichberechtigung verkam so zu einer ökonomistischen Floskel. Ihr Kriterium verkürzte sich auf formal gleiche Zeitstrukturen in der Berufsarbeit. Männlich- vom häuslichen Ballast gereinigte - Zeitverhältnisse galten als Maßstab. Propagandistisch ging die Rechnung auf. Gleichberechtigung konnte vollmundig belegt werden. Die meisten Frauen erfuhren aber tagtäglich die Kluft zwischen Realität und Propaganda. Sie spürten am eigenen Leib und am Zerfall der Familien, wer die Last dieser von oben verordneten, formalen Gleichberechtigung zu tragen hatte, einer Gleichberechtigung, die Frauen das Äußerste abforderte, nicht aber gleichermaßen Männer bewegte und zur Aufgabe traditioneller Privilegien veranlaßte. Frauen rebellierten nicht, sondern richteten sich in diesen ambivalenten Verhältnissen ein. Das heißt, sie ließen sich nur auf solche beruflichen Anforderungen ein, die ihnen die Gratwanderung zwischen Beruf und Familie, die Vereinbarkeit von Mutterschaft und beruflichem Engagement erlaubten. Frauen zahlten den Preis der Ausgrenzung aus zentralen Entscheidungsprozessen im Beruf wie in der Politik, überließen Männern die Zentren der Macht, der Produktivkraftgestaltung, der Wissenschaft und begnügten sich mit der Peripherie. Soziologische Studien zeigen, wie rationalisierungsfähig die aber ist und wie schnell - mausern sich Peripherien mal zu Zentren - es Männern gelingt, Frauen zu verdrängen.

---

9   Inge Lange, Frauenpolitik der SED in Verwirklichung der Beschlüsse des XI. Parteitages, in: Dies., Die Frauen - aktive Mitgestalterinnen des Sozialismus, Ausgewählte Reden, Berlin 1987, S. 500.

5. Geschlechtermarkt und Sozialisation: Alte Sehnsüchte unter der gleichberechtigten Decke?

Durch spontanen, im Alltag sich vollziehenden Erfahrungserwerb werden Mädchen und Jungen ganz nebenbei und beiläufig, quasi einem "geheimen Lehrplan" folgend, in die Strukturen der vorherrschenden Arbeitsteilung zwischen den Geschlechtern eingeübt, lernen, sie als "natürlich" zu akzeptieren. Jungen und Mädchen besuchen in der DDR dieselbe Schule und werden nach denselben Lehrplänen unterrichtet - oft mehr als 10 Jahre lang. Die meisten von ihnen waren vorher im Kindergarten und davor in der Kinderkrippe. Soziologische Untersuchungen der vergangenen Jahre zeigen, daß diese formal gleichen Bedingungen Geschlechterdifferenzen nicht einfach abbauen, sondern sie punktuell sogar noch verstärken und mit für Mädchen und Jungen verschiedenen Erfahrungen verbunden sind. Mädchen haben zum Beispiel zwar durchschnittlich keine schlechteren, oft sogar bessere Zensuren als Jungen in den mathematisch-naturwissenschaftlichen Disziplinen, dennoch lernen sie, ihren Fähigkeiten auf diesem Gebiete zu mißtrauen und Jungen für die von Natur aus Begabteren zu halten. In Computerkursen zum Beispiel machen Mädchen die Erfahrung, daß Jungen "besser" und "schneller" sind. Mädchen räumen schon nach den ersten Hürden freiwillig die noch knappen Plätze und überlassen es den Jungen, tiefer in die Programmierung und die Technik einzudringen, sie zu beherrschen. Woran liegt diese schnelle Rückzugsbereitschaft der Mädchen? Warum sind sie so ohne Widerstand bereit, dieses Feld als männliche Domäne zu akzeptieren? Die Gründe dafür sind vielschichtig. Ein Grund liegt aber darin, daß Mädchen frühzeitig und immer wieder darauf stoßen, daß sie in ihrem Leben gut ohne diese Fertigkeiten zurechtkommen. Mehr noch: Mädchen lernen in dem koedukativen Rahmen Schule zu akzeptieren, daß sie "eigentlich" für anderes "bestimmt" sind. Sie wissen beinahe instinktiv, daß sie auf dem Geschlechtermarkt nicht an Wert gewinnen, wenn sie allzu großen Ehrgeiz auf technischem Gebiet entfalten. Es macht seien nicht begehrenswerter, attraktiver für das Geschlecht, daß noch immer die Definitionsmacht hat, die Männer. Jungen honorieren es, wenn Mädchen "sexy" sind: Lange Beine, lange Haare, voller Busen, weich, blond, weiblich. Das sind die äußeren Symbole. Dahinter verbirgt sich ein Weiblichkeitsideal, das auch mit bestimmten Erwartungen an "innere" Werte verbunden ist, und weibliche Anpassungsfähigkeit, Treue, Hingabe meint.[10] Mädchen, die anders sind, haben es schwer. Wechselseitige Begehrlichkeiten, die latente Sexualität in den Beziehungen der Geschlechter scheinen einen ganz fundamentalen Einfluß auf das Leistungsverhalten, auf die Ausbildung von Interessen und Fertigkeiten zu haben. Sie sind eine Erklärung dafür, daß sich die schulischen Leistungen der Mädchen im höheren Schulalter verschlechtern, während die der Jungen sich im Gegenzug verbessern.

Schülerinnen - vor allem der oberen Schulklassen, also im Prozeß der schulischen Sozialisation sich verstärkend - haben dann auch auffällig stereotype Selbstbilder, was ihre Fähigkeiten und Anlagen betrifft: Verstärkt ab Klasse 6 trauen sich Jungen öfter als Mädchen technisches Geschick, Kraft und die Fähigkeit zu, im Beruf etwas Neues zu entwickeln. Mädchen gleichen Alters hingegen glauben von sich zu wissen, daß sie gut mit kleinen Kindern umgehen können, bei Handarbeiten geschickt sind und auch bei der Gestaltung der unmittelbaren Umgebung. Jungen besitzen in der Selbsteinschätzung bessere Voraussetzungen für technische Berufe, während Mädchen stärker von ihren sozialen Fähigkeiten überzeugt sind. Gleiche Bilder haben Lehrerinnen von den Fähigkeiten der Heranwachsenden und perpetuieren sie so, meist unbewußt. Und bei den Jugendlichen fällt dann durch das Sieb der Partnerwahl, wer dem Klischee entspricht.

Jungen und Mädchen kommen aufgrund unterschiedlicher Erfahrungen als sozial Verschiedene in die Schule. Ein Erziehungskonzept, das - wie es momentan geschieht - von diesen Unterschieden abstrahiert, sie ignoriert, muß sie zwangsläufig eher verstärkten, statt sie abzubauen. Koedukation bedarf flankierender Maßnahmen, vor allem für Mädchen, die schon wieder die sozial Schwachen zu werden drohen und sich zu wehren lernen müssen.

Seit Ende der 60er Jahre fehlen gesellschaftliche Konzepte, die auf eine

---

10 Dazu Leserdiskussion zum "Traumtyp" in: Junge Welt, 1989.

bewußte Infragestellung traditioneller Geschlechterverhältnisse abzielen, insbesondere auch in der Bildungs- und Schulpolitik. In den gesellschaftlichen Erziehungseinrichtungen bleibt demzufolge bis heute vieles dem Selbstlauf überlassen. Schulbücher in Bild und Text und Lehrpläne sind dafür beredter Ausdruck. Schon im Kindergarten setzt eine massive - zumeist von den Erzieherinnen nicht besser gewußte - Vermittlung von Geschlechterstereotypen und traditionellen Fraun-Männer-Klischees ein. Eine Sensibilisierung oder gar ein entwickeltes kritisches Bewußtsein für diese Prozesse und ihre Folgen gibt es augenblicklich nicht. Das aber kann sich nur im Diskurs entfalten, braucht jene Öffentlichkeit, die es bis vor kurzem in der DDR nicht gab. Und es setzt Meinungsbildung voraus, die ohne entsprechende Forschung keine Substanz hat. Feministische Sozialwissenschaft, Frauenforschung ist gefragt, die die Grenzen traditioneller Forschungen über Frauen, die seit mehr als 20 Jahren in der DDR gemacht werden, überwinden muß.

6. Quotierung statt Mythologisierung "neuer Weiblichkeit"!

In der sozialwissenschaftlichen Diskussion in westlichen Ländern wird bereits seit Anfang der 80er Jahre ein neues Strukturmuster von Erwerbsarbeit, Familie und Freizeit reflektiert. Es wird der Übergang von einem industriellen zu einem postindustriellen Paradigma von Arbeit konstatiert, der auch eine "Entmythologisierung der Erwerbsarbeit, die einen Teil ihrer kulturellen Hegemonie und Prägekraft" eingebüßt habe, beinhalte. In der DDR hingegen ist ideologisch - und auch aus ökonomischen Gründen motiviert - an dem industriellen Paradigma von Berufsarbeit festgehalten worden, mehr noch, Berufsarbeit wurde - ganz in der Tradition der protestantischen Ethik - zum "Herzstück sozialistischer Lebensweise" stilisiert. Wenn Berufsarbeit gegenwärtig nun von vielen Frauen in der DDR als zentraler Lebenswert in Frage gestellt wird, ja manche sich sogar vorstellen können, ohne sie leben zu wollen, dann ist das m.E. nicht einfach als Rückfall in konservative Lebensmuster zu interpretierten, sondern durchaus auch als ein Schritt in die Moderne, Ausdruck der Individualisierung und Differenzierung von Lebenskonzepten. Dennoch halte ich an der These fest, daß soziale Gleichheit der Geschlechter, Gleichheit in der Differenz, sich schließlich darin zeigen muß, daß Frauen und Männer gleiche Chancen und Verantwortungen in der Berufs- und in der privaten, individuellen Reproduktionsarbeit haben müssen. Das sogenannte postindustrielle Paradigma verdeckt nämlich die Tatsache, daß die subjektive und objektive Relativierung von Berufsarbeit zwar ein gesellschaftsweiter Vorgang, Zug moderner Gesellschaften ist, gleichwohl verschiedene soziale Gruppen aber unterschiedlich davon betroffen sind. Nutznießer einer neuen ideologischen Verklärung dieses Trends könnten schnell jene sein, die die Prozesse technischer Innovation und Rationalisierung forcieren, die Protagonisten der Produktivkraftentwicklung und jene, die die politische Macht "schon immer" in den Händen hatten: mehr Männer als Frauen.

Für diese Gruppe wird sich der Stellenwert von Berufsarbeit weder objektiv noch subjektiv verändern. "Hohe Arbeitsorientierung, hohe Arbeitszeiten und hohes Einkommen, das ist der Dreiklang des erwerbszentrierten Lebens, das sie - ebenso wie Eliten zu früheren Zeitpunkten - führen werden."

Andere Gruppen - vornehmlich Frauen - mutet der Modernisierungsschub Opfer zu. Bestimmte Gruppen wiederum vor allem Frauen - können von vornherein nur einen Teil ihres Arbeitsvermögens in die Strukturen von Beraufsarbeit investieren. Sie sind leicht austauschbar und werden zu Handlangern eines Prozesses, den andere inszeniert haben.[11] Mit dem Mythos von der Weiblichkeit, die sich nur außerhalb von Erwerbsstrukturen bewahren lasse, wäre ein neues "Herzstück" von Lebensweise gefunden, das verklärt, was wir nicht wahrhaben wollen (oder sollen), nämlich die Diskriminierung von Frauen und die Tatsache, daß Frauen wieder ins Abseits geschoben sind. Der soziale Status, das mate-

---

11 Randolph Vollmer, Die Entmythologisierung der Berufsarbeit - über den sozialen Wandel von Arbeit, Familie und Freizeit, Westdeutscher Verlag, Beiträge zur sozialwissenschaftlichen Forschung, Band 82, Opladen 1986, S. 17, 201 und 230.

rielle Einkommen, aber auch die Eingriffsmöglichkeiten in gesellschaftliche Prozesse hängen immer noch von beruflichen Karrieren ab. Haushaltsproduktion, Familienleben und das Ausleben von "neuer Weiblichkeit" könnten das Trostpflaster dafür sein, daß Frauen andere Lebenswege versperrt bleiben. Genau aus diesem Grunde plädiere ich für eine Quotierung in Ausbildung, beruflichen Karrieren und in der Politik. Sie ist ein fundamentales Strukturkorrektiv patriarchaler Verhältnisse von Arbeitsteilung.

Siegfried Grundmann

Soziale Probleme der Stadtentwicklung in der DDR

1. Görlitz am 14. Juni 1990

Görlitz gehört wohl zu den schönsten Städten in der DDR. Eine Stadt mit großer Geschichte, Stadt der Renaissance und des Jugendstils. Görlitz hat in früherer Zeit unter Feuersbrünsten und Kriegen schwer gelitten; dagegen brachte der letzte große Krieg nur geringe Schäden für die Bausubstanz. Aber Görlitz kam infolge des Krieges und mit der Lostrennung vom schlesischen Hinterland im wörtlichen und übertragenen Sinne in eine Randlage. Ganz im Gegensatz zur Hauptstadt Berlin war Görlitz in den vergangenen Jahrzehnten alles andere als ein Hätschelkind der früheren Partei- und Staatsführung in der DDR. Görlitz teilt das Schicksal der alten Städte und der alten Bausubstanz: Es wurde wenig getan, um das Vorhandene zu erhalten und zu modernisieren; entsprechend groß ist nun der Verfall. Jetzt hinterläßt Görlitz wenigstens partiell den beklemmenden Eindruck, als sei vor nicht langer Zeit ein großer Krieg gewesen.

Das Zentrum der Stadt mit der ältesten und zugleich historisch wertvollsten Bausubstanz ist am meisten vom Verschleiß und Verfall betroffen.

Ganze Straßenzüge in unmittelbarer Nähe zum Renaissance-Bau des Rathauses und zur Petrikirche (mit den neugotischen Betontürmen) wurden mittlerweile abgerissen. Es gab zwar Bemühungen um die Erhaltung von wertvoller Bausubstanz, aber die verfügbaren Mittel waren wie in allen anderen Städten der DDR bei weitem nicht ausreichend. Daß viele Häuser und ganze Straßenzüge in unmittelbarer Nähe zum Rathaus - also auch zum Sitz des Bürgermeisters und der kommunalen Organe - sich in einem erbarmungswürdigen Zustand befinden, ist ein Indiz für den Ernst der Situation und die zentralstaatlich verfügte Machtlosigkeit der Kommunen.

Selbst die für den Abriß als nötig erachteten technischen Voraussetzungen waren nicht immer gegeben. Die Folge ist, daß heute etwa zehn Prozent der Wohnungen leerstehen. Das ist ein etwa ebenso hoher Prozentsatz wie am Beginn der 80er Jahre, wobei allerdings zu beachten wäre, daß seitdem viel Bausubstanz abgerissen wurde. Ein makabres Bild: ein einziges bewohntes Haus in einer Straße mit schätzungsweise sechzig Häusern. Aber selbst dieser Anblick sollte nicht vergessen machen, daß es auch Chancen der Stadtentwicklung gibt. Es wurde zwar wenig gebaut, aber auch wenig verbaut. Die alten Stadtstrukturen gibt es noch. Man kann die Stadt mit fortgeschritteneren Erkenntnissen und Einsichten als sie in den 50er Jahren vorhanden waren wieder aufbauen. Man könnte allerdings auch, falls der bloße Mammon regieren sollte, die Stadt ein zweitenmal und dann wohl endgültig zerstören. Eine Chance der Stadtentwicklung wäre auch, daß trotz allem noch vieles erhalten werden könnte. Aber dafür bleibt nur wenig Zeit. Es müßte viel sehr schnell geschehen. Man darf nicht warten, bis die kommunale Selbstverwaltung funktioniert und Baubetriebe mit dem erforderlichen Leistungsvermögen in der Stadt entstanden sind. Das könnte noch Jahre dauern; aber das Wetter zehrt täglich an der Bausubstanz, der Verfall kennt keine Pause. Es sind bei allem Vertrauen in die Kräfte des Marktes überkommunal große Anstrengungen nötig, um Görlitz und andere Städte in der DDR zu retten. Selbst die entstehenden Bundesländer im Gebiet der DDR sind da überfordert. Man muß die sog. "endogenen Potentiale" der Kommunen und Regionen mobilisieren, "Hilfe durch Selbsthilfe" organisieren, aber ohne Hilfe von außen - darunter aus dem Westen Deutschlands - wird vieles nicht zu machen sein. Man sollte dabei auch beachten, daß die meisten Probleme der Kommunen überkommunal verursacht wurden und demzufolge allein auf kommunaler Basis nicht zu lösen sind.

Ein Blick über die Dächer der Stadt in Richtung Norden läßt ahnen, wie der Mechanismus der Stadtentwicklung war. Dringendste Wohnbedürfnisse der Bürger sollten und mußten auch in Görlitz befriedigt werden. Zur Erhaltung und Modernisierung der vorhandenen Wohnungen, darunter auch zur Instandsetzung leerstehender Wohnungen, waren die verfügbaren Baukapazitäten nicht ausreichend. Im übrigen entsprach die Gewerbestruktur des Bauwesens seit langem nicht der Struktur der Bauaufgaben. Mittels eines Wohnungsbaus am Rande der Städte waren mit dem geringsten Aufwand in kurzer Zeit viele neue Wohnungen zu schaffen. Also entstand auch am Rande der Stadt Görlitz ein großes neues Wohngebiet. Um so weniger Mittel gab es für die Erhaltung der noch vorhandenen Bausubstanz. Verschleiß und Verfall waren die logische und sachliche Folge. Was man optisch nicht wahrnehmen kann, ist, daß sich dieser Kreislauf in gesamtgesellschaftlichem Maßstab reproduzierte: Wohnungsneubau in großem Umfange am Rande von Berlin und wenigen anderen großen Städten, fortschreitender Verschleiß und Verfall der Bausubstanz insbesondere in den Städten ohne administrative Funktion, in den kleineren Städten - den Stiefkindern der Siedlungsplanung in der DDR. Görlitz ist somit keine Ausnahme, sondern der Regelfall. Überall im Prinzip die gleichen Bilder, dieselben oder ähnliche Probleme der Stadtentwicklung.

2.   *Allgemeine Symptome der Krise von Städten in der DDR*

Das Beispiel Görlitz hat wesentliche Probleme der Stadtentwicklung in der DDR sichtbar gemacht. Trotzdem dürfte der Versuch einer Verallgemeinerung hier nicht überflüssig sein.

Die wesentlichen Symptome der Krise sind:

1. ein hochgradiger Verschleiß und Verfall der Bausubstanz,
2. das Wuchern der Städte hinein ins Umland,
3. der drohende Kollaps des Stadtverkehrs,
4. eine oftmals katastrophale ökologische Situation,
5. Verlust von Urbanität.

Diese Symptome der Krise sind eng miteinander verbunden; das schließt nicht aus, daß in der einen Stadt dieses und in der anderen jenes Symptom der Krise dominiert. Der Verschleiß ist sicher das komplizierteste und überall direkt wahrnehmbare Problem der Städte. Verschleiß nicht nur der Wohnbausubstanz, sondern aller Bausubstanz in den Städten, angefangen von den Wohnungen bis zur Substanz der Industriebauten.

Landesweit gelten als "uneingeschränkt befahrbar" nur 79 Prozent der Fernstraßen, 72 Prozent der Bezirksstraßen und 63 Prozent der Kommunalstraßen. Etwa 700 km Abwasserleitungen waren im Jahre 1989 so weit verschlissen, daß sie hätten vollständig erneuert werden müssen. Im Jahre 1989 wurde eingeschätzt, daß am Ende des Jahres 1990 voraussichtlich erst 86,2 Prozent der Städte an zentrale Abwässer-Kläranlagen angeschlossen sein werden. Infolge von Leitungsschäden erreichen in den Städten der DDR nur etwa zwei Drittel des aufbereiteten Trinkwassers den Verbraucher. Die finanziellen Mittel für die Erhaltung der Kulturbausubstanz sichern bis 1990 die einfache Reproduktion nur zu 25 Prozent. Lediglich 15 Prozent der Kinos gelten als voll funktions- und nutzungsfähig.

Ein Schlüssel zum Verständnis des Zusammenhanges von Problemen der Stadtentwicklung ist der in den letzten zwei Jahrzehnten betriebene Wohnungsbau in der DDR.

Anfang der 70er Jahre setzte sich die Regierung der DDR das ehrgeizige Ziel einer "Lösung der Wohnungsfrage als soziales Problem bis zum Jahre 1990". Es ist nicht zu leugnen, daß es übereinstimmend mit diesem Programm einen umfangreichen Wohnungsneubau in der DDR gegeben hat. Andererseits wurde eben dieses Programm zur Wurzel vieler Probleme. Es war in der Endkonsequenz ein antiurbanes Programm.

Angesichts des selbstverschuldeten Termindrucks und der Knappheit von Ressourcen hatte die Senkung des Erstaufwandes (der Aufwendungen für den Bau einer Wohnung) die oberste Priorität in Entscheidungen zum Wohnungs- und Städtebau. Zu bestimmen hatten letztenendes nicht die Städte - eine kommunale Selbstverwaltung gab es nicht. Viel wichtiger waren die Interessen der technisch immer schlechter ausgestatteten Bauindustrie und die Interessen zentraler Planungsorgane.

Direkte Folgen in Bezug auf den Wohnungsneubau waren:

- Bau von möglichst vielen, dafür aber auch möglichst vielen kleinen Wohnungen (darunter von vielen 1-Raum-Wohnungen);
- Qualitätsmängel der neuerbauten Wohnungen (Die Instandhaltung und Reparatur der in den vergangenen 40 Jahren erbauten Wohnungen ist darum zu einer zentralen Aufgabe des Wohnungs- und Städtebaus auf dem Gebiet der DDR in den 90er Jahren geworden);
- massenhafter Verbrauch bzw. die Verschwendung von Strom und Wasser (wegen der niedrigen Tarife, aber auch darum, weil fast überall auf den Einbau der nötigen Wasserzähler verzichtet wurde, teilweise sogar auf den Einbau von Stromzählern!);
- Wohnungsbau auf wenigen, dafür aber großen Standorten am Rande der Städte (zumal der zumeist staatseigene Grund und Boden bisher nur wenig gekostet hat).

Begleiterscheinungen bzw. Spätfolgen dieser Verfahrensweise waren:

- die Vernichtung fruchtbarster, jahrhundertelang kultivierter Böden am Rande der Städte,
- die Vergrößerung des bebauten Areals der Städte (trotz des Schwundes der Einwohnerzahl oder nur geringfügigen Wachstums der Wohnbevölkerung); gravierende Veränderungen in der sozialräumlichen Struktur der Städte, wesentliche Vergrößerungen der räumlichen Distanz zwischen Wohnung und Stadtzentrum, Wohnung und Arbeitsplatz, Wohnung und Dienstleistungseinrichtungen;

- zusätzliche Produktion von Stadtverkehr und Bedeutungsverlust des Fußweges in den Städten; asymmetrische Belastung der Trassen des Verkehrs in den Morgen- bzw. in den Abendstunden (in den Morgenstunden ist die Frankfurter Allee in Ostberlin stadteinwärts und in den Abendstunden stadtauswärts überbelastet).

Weitere Begleiterscheinungen bzw. Spätfolgen der oben beschriebenen Akzentsetzung des Wohnungsbaus waren

- hohe Migrationsverluste der meisten Städte und Dörfer in der DDR sowie Bevölkerungsverluste der Altbauwohngebiete und der Stadtzentren sowie eben
- die zusätzliche Verknappung der verfügbaren Ressourcen für die Erhaltung und Modernisierung der vorhandenen Bausubstanz (Seit 1986 war der Bedarf an Reparaturen für Wohnungen im DDR-Maßstab nur zu 57 Prozent gedeckt, für Einrichtungen des Handels zu 48 Prozent und für Kulturbauten zu 32 Prozent.). Und damit wären wir wieder beim oben genannten zentralen Problem: dem Verschleiß und Verfall der Bausubstanz.

Hervorzuheben ist die große Differenziertheit zwischen den Städten in Bezug auf die genannten Probleme. Eine oft geradezu dramatische Zuspitzung haben diese Probleme insbesondere in den Kleinstädten erfahren. Dazu zwei Belege: zunächst der Begleitbrief einer Bürgerin aus Königstein im Elbsandsteingebirge zum Fragebogen einer von uns im Jahre 1987 durchgeführten soziologischen Untersuchung; anschließend eine graphische Darstellung.

Im erwähnten Brief einer Bürgerin (Jahrgang 1929, SED-Mitglied) heißt es: "Mein Wohnort ist eine Kleinstadt, 4000 Einwohner ... In der Innenstadt alles alte Häuser, ein Teil davon ist unbewohnt, da diese Gebäude auf Abriß stehen. Sie stehen schon jahrelang so und verfallen immer mehr. Es ist wirklich kein schöner Anblick für uns Einwohner und die vielen in- und ausländischen Touristen ... Wir haben großen Mangel an Wohnraum, viele junge Leute wandern dadurch ab und ziehen in die Kreisstadt. Die Versorgungseinrichtungen entsprechen schon lange nicht mehr den Anforderungen ... Ebenfalls sind die gesamten gastronomischen Einrichtungen vollkommen ungenügend ... Warum vernachlässigt man die Kleinstädte so? Von dem Etat was die Stadtväter zur Verfügung haben, können keine größeren sichtbaren Veränderungen eintreten." So war es. Ein Kommentar ist da nicht nötig; vielleicht nur die ergänzende Bemerkung, daß die Situation seitdem nicht besser geworden ist.

Die Graphik: Bewohnerurteile über die Beschaffenheit ihres Wohnortes (mit dem gesonderten Eintrag der Befragungsergebnisse für die Stadt Königstein) (vgl. Abbildung). Die Situation in den Groß- und Mittelstädten sowie in den Dörfern mag nicht gut gewesen sein, sie war im Landesdurchschnitt gesehen dort aber allemal besser als in den Kleinstädten. Und von den Befragten aus Königstein meinten sogar nahezu 70 oder mehr Prozent, daß die Stadt langweilig und unsauber sei. "Zufriedenheit mit den Wohnbedingungen allgemein im Wohnort" äußerten 63,9 Prozent der aus den Bezirksstädten Dresden, Karl-Marx-Stadt (jetzt wieder: Chemnitz) und Neubrandenburg Befragten, 50,8 Prozent aus den entsprechenden drei Bezirken und nur 40,6 Prozent aus den anderen Städten dieser Bezirke; und aus Königstein nur 9,9 Prozent. Die Schönheit der Landschaft war keine Entschädigung für den desolaten Zustand der Infrastruktur. Der Tourist hat die Stadt Königstein anders erlebt als der ständige Bewohner.

3. Ursachen

Die Krise der Städte ist nicht zu trennen von der Krise der Gesellschaft. Demzufolge sind die Ursachen der genannten Stadt-Probleme letztlich gesamtgesellschaftlicher Natur.

Das "Experiment DDR" mußte scheitern. Ursache des Zusammenbruchs war vor allem die nicht ausreichende Effizienz der Wirtschaft. Es wurde zwar manches getan, um die sozialen Unterschiede (Unterschiede im Niveau der Lebensbedingungen) bei jenen Bürgern, die nicht die Schlüs-

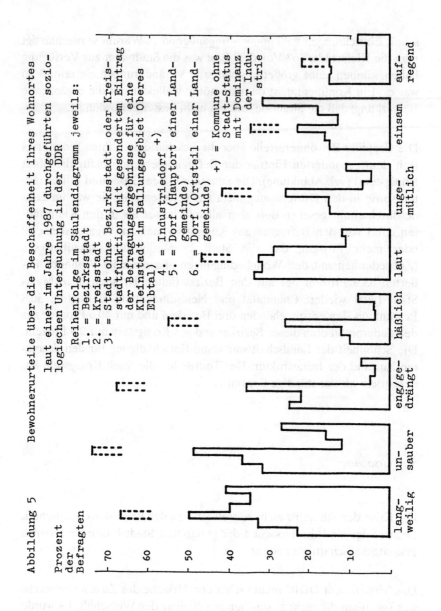

Abbildung 5

Bewohnerurteile über die Beschaffenheit ihres Wohnortes laut einer im Jahre 1987 durchgeführten soziologischen Untersuchung in der DDR

Reihenfolge im Säulendiagramm jeweils:
1. = Bezirksstadt
2. = Kreisstadt
3. = Stadt ohne Bezirksstadt- oder Kreisstadtfunktion (mit gesondertem Eintrag der Befragungsergebnisse für eine Kleinstadt im Ballungsgebiet Oberes Elbtal)
4. = Industriedorf [+]
5. = Dorf (Hauptort einer Landgemeinde)
6. = Dorf (Ortsteil einer Landgemeinde)

[+] = Kommune ohne Stadt-Status mit Dominanz der Industrie

selpositionen des Staates, der Wirtschaft und anderer Lebensbereiche
besetzt hielten, zu verringern; viel weniger Aufmerksamkeit wurde aber
der Bewertung von Arbeitsleistungen und der Stimulierung von Leistungen gewidmet. Um den Preis des Verfalls ganzer Städte hätte man in der
DDR noch viel, viel mehr investiert in die Entwicklung von Hochtechnologien. Der Versuch, der übermächtigen westlichen Konkurrenz Paroli
zu bieten und die Cocom-Listen wirkungslos zu machen, mußte scheitern.

Außer dem geringen wirtschaftlichen Potential der DDR gibt es wesentliche systeminterne Gründe des Scheiterns. Gescheitert ist ein System,
das orientiert war auf die immer weiter voranschreitende institutionelle,
personelle und territoriale Zentralisation von Macht - und eben darum
auch auf die vorrangige Förderung der Hauptstadt und einiger anderer
Städte bei Vernachlässigung des übrigen Landes. Gescheitert ist ein System, das orientiert war auf den kurzfristigen Gewinn und sich wenig
kümmerte um die ökologischen Folgen seines Tuns und die Interessen
der kommenden Generationen. Es war zwar viel die Rede von
"Intensivierung", "Rationalisierung" und "wissenschaftlich-technischem
Fortschritt"; aber in Wirklichkeit war das gesellschaftliche System der
DDR in hohem Maße extensiv, verschwenderisch. Darum war auch die
"intensive Stadtentwicklung" mehr eine Forderung und Illusion als Wirklichkeit.

Einen erheblichen Einfluß hatte auch der Zustand des Bauwesens in der
DDR. Die Arbeitsproduktivität: laut den sicherlich beschönigenden
Schätzungen aus der Bauakademie (trotzdem: "vertraulich") zwei Drittel
des Niveaus der Bundesrepublik. Überkonzentration: In Betrieben mit
über 50 Beschäftigten waren laut Berechnungen der Bauakademie aus
dem Jahre 1987 90 Prozent aller im Bauwesen Beschäftigten tätig, in der
Bundesrepublik nur 22 Prozent. Die Kehrseite war die immer wieder beklagte "Zersplitterung" der Baukapazitäten auf sehr viele Baustellen. Als
"nicht mehr modernisierungsfähig" wurden im Jahre 1980 19,2 Prozent
der Ausrüstungen im Bauwesen klassifiziert, im Jahre 1987 bereits 31,4
Prozent; und für 1990 wurden damals 38 Prozent prognostiziert. Disproportionale territoriale Verteilung der Baukapazitäten: Im Bezirk Dres-

den, einem Bezirk mit sehr hohem Verschleiß der Bausubstanz, entfielen auf das Bauwesen im Jahre 1986 nur 5,8 Prozent der Berufstätigen, im Bezirk Neubrandenburg dagegen 8,2 Prozent. Und dann noch eine Leistungsbewertung im Bauwesen, die den Verfall der Bausubstanz faktisch stimulierte. Ein Betrieb konnte mit dem Neubau einer Wohnung relativ viel, mit der Modernisierung dagegen nur wenig verdienen.

Wesentliche Gründe für die Krise unserer Städte sind subjektiver Art, also nicht allein in der Knappheit der Ressourcen zu suchen, sondern auch in der Art ihrer Nutzung, im System der Planung und Leitung oder auch: wie man mit den Leuten umgegangen ist. Oft hat selbst der Bürgermeister erst nachträglich erfahren, was auf höherer Ebene über seine Stadt beschlossen wurde. In dirigistischer Weise wurde im Rat des Kreises oder des Bezirkes oder von der Regierung (insbesondere der Staatlichen Plankommission beim Ministerrat der DDR) festgelegt, wie viele Wohnungen in einer Stadt zu bauen bzw. zu modernisieren sind, wie viele Schulen usw. usf. Initiative auf örtlicher Ebene war vor allem dann gefragt, wenn es Planungsfehler und Versorgungslücken auszugleichen galt. Ansonsten hatten die örtlichen Organe nur wenig zu entscheiden. Die Kompetenzen waren gering und die Einkommen auch. Also hatten begabte und leistungswillige Leute wenig Grund, im Rat einer Stadt arbeiten zu wollen. Das doch zu tun - und viele haben sich so entschieden - war eine Form der Selbstaufopferung. Das System der Planung und Leitung konnten sie trotzdem nicht aus den Angeln heben. Eine kommunale Selbstverwaltung gab es trotzdem nicht. Es konnte nicht ausbleiben, daß das auch die Mitwirkung der Bürger lähmte, Desinteresse und Resignation entstehen ließ.

4. Perspektiven und Chancen der Stadtentwicklung

Es gibt beim Übergang zur Marktwirtschaft neue Chancen, allerdings auch neue Gefahren für die Stadtentwicklung in der DDR. Momentan gibt es mehr Probleme als konstruktive Lösungen. Das Jahr 1990 scheint - retrospektiv und perspektivisch - zum schwierigsten Jahr der DDR zu werden.

Das Problem der Arbeitslosigkeit ist nicht nur neu; es wird innerhalb von nur wenigen Monaten zum kompliziertesten Problem der Städte in der DDR. In früheren Analysen wurde von uns wiederholt gefordert, daß die Hauptstadt und andere Großstädte endlich aufhören müssen, Produzenten von immer mehr Arbeitsplätzen zu sein. Anders war der Migrations- und Bevölkerungsverlust der Dörfer und Kleinstädte nicht zu stoppen. Das war eine unerläßliche Voraussetzung auch dafür, daß mehr Mittel für die Erhaltung und Modernisierung der Bausubstanz in den vielen Kleinstädten der DDR bereitgestellt werden könnten. Was in Jahrzehnten nicht gelang, wurde nun, innerhalb von wenigen Monaten erreicht. Und mehr als das. 7,7 Prozent der DDR-Bürger wohnen in der Hauptstadt, dagegen mehr als 15 Prozent der Arbeitslosen.

Es gibt heute starke Forderungen nach einer Reprivatisierung des Bodens. In ihrer Finanznot tendieren viele Kommunen zum Verkauf staatlichen (bzw. kommunalen) Eigentums an Boden; und das zu extrem niedrigen Preisen. Des momentanen Vorteils wegen bzw. aus blanker Not wird so ein Instrument einer perspektivisch wirksamen Kommunalpolitik aus der Hand gegeben. Vielleicht wird sich in der Tat Grundstücksverkauf in größerem Umfange nicht ganz vermeiden lassen (weil man viele Investoren nur so in die Stadt hineinholen kann); nötig wäre aber vorher eine Neufestlegung der Grundstückspreise - bevor der Markt die Preise reguliert und dann andere, nicht die Kommunen, die Gewinner sind. Mit der Anhebung der Grundstückspreise wird auch erreicht der sparsamere Umgang mit Grund und Boden sowie ein stärkeres Bemühen um die Reproduktion der traditionellen, der kompakten Stadt.

Weitreichende soziale und ökonomische Konsequenzen werden sich auch aus der allmählichen (vielleicht auch sehr raschen) Veränderung des Systems der Mieten ergeben. Dazu gehört eine sich vergrößernde soziale Segregation in den Städten der DDR. Die Einführung "kostendeckender Mieten" wäre sozial überaus problematisch; es wäre dann möglicherweise mit sozialen Unruhen in der DDR zu rechnen. Was aber diskutabel wäre, das ist die Einführung von Mieten, die den Aufwand für die laufende Bewirtschaftung der Wohnungen sowie die tatsächlichen Kosten für Heizung, Strom und Wasser decken. Gleichzeitig wäre zu wünschen, daß Bürger, die weit über dem Durchschnitt liegende Mieten zu zahlen bereit und in der Lage sind (vielleicht bei Verzicht auf einen privaten PKW und/oder eine Datsche am Rande der Stadt), extrem günstige Wohnbedingungen haben können.

Die Einführung der sozialen Marktwirtschaft wird mit Sicherheit bedeuten, daß sich das Niveau der Dienstleistungen in raschem Tempo erhöht und die Langeweile aus vielen Städten der DDR verschwindet. Wachsen wird insbesondere die Attraktivität der Zentren. Eine Gefahr jedoch, der zu widerstehen ist, besteht in der hemmungslosen Kommerzialisierung der attraktivsten Teile der Städte. Die Wohnfunktion, die in den Innenstädten nie verschwunden ist, sollte erhalten bleiben. (Gleichzeitig besagen allerdings die Erfahrungen vergangener Jahrzehnte, daß die Wohnfunktion der Innenstädte nicht ausreicht, um ein urbanes Leben zu sichern. Nutzer der Zentren sind eben nicht in erster Linie die Bewohner der Zentren.)

Eine der größten und langfristig zu lösenden Aufgaben ist die Beseitigung der Bauschäden in den Städten der DDR sowie die Modernisierung der gesamten technischen und sozialen Infrastruktur, dabei auch die Erhaltung von kulturhistorisch wertvoller Bausubstanz. Da der Verschleiß der Bausubstanz bedrohliche Ausmaße angenommen hat und die Neuorganisation des Bauwesens längere Zeit in Anspruch nehmen wird, benötigen die meisten Städte dringende Hilfe von zentraler Seite und aus dem Westen Deutschlands. Es muß an dieser Stelle nochmals darauf hingewiesen werden, daß in den nächsten Jahren nicht nur die Reparatur der vor dem Kriege, sondern auch der in den 70er und 80er Jahren geschaffenen Wohnungen eine zentrale Aufgabe des Bauwesens geworden ist.

Eine Ironie der Geschichte dürfte sein, daß es gerade für jene Städte und Stadtteile, in denen in den letzten Jahrzehnten nur wenig gebaut wurde, große Chancen der weiteren Entwicklung gibt. Es wurde wenig gebaut, aber eben auch wenig verbaut. Der Verschleiß ist weit vorangeschritten; dennoch gibt es viel erhaltenswerte Substanz, andere Bausubstanz kann wiederhergestellt und Neues organisch in das Stadtbild eingeordnet werden. Man muß manche anderswo bei der Stadterneuerung gemachten Fehler nicht wiederholen. Man kann ausgehen von den Erkenntnissen des Wohnungs- und Städtebaus der vergangenen Jahrzehnte und sich dabei auch der modernsten Technologien bedienen.

Es wäre eben darum auch nicht nötig, erst die "autogerechte Stadt" bauen zu wollen und sich dann der Rolle und Notwendigkeit öffentlicher Verkehrsmittel und des schienengebundenen Verkehrs bewußt zu werden. Man wird allerdings besonders in der DDR bzw. in Ostdeutschland dem Druck widerstehen müssen, der ausgeht vom drängenden und fortan leichter zu befriedigenden Bedarf vieler Menschen nach einem privaten PKW. Die Gefahr ist einstweilen sehr groß, daß zunächst die individuelle Lösung des Stadtverkehrs das Rennen macht. Später allerdings würde man das bitter bereuen.

Chancen für die Stadtentwicklung ergeben sich schließlich und in ganz besonderem Maße aus der kommunalen Selbstverwaltung und ihrer materiellen Fundierung. Im Gegensatz zur Praxis der vergangenen Jahre sollen und werden die Städte selbst entscheiden über die Verwendung von Mitteln für den Wohnungsbau, für Baureparaturen, für die Entwicklung der Infrastruktur und andere Bereiche städtischen Lebens. Das ist einerseits ein Erfordernis wirtschaftlicher Effizienz, andererseits notwendig zur Reproduktion und Ausprägung der individuellen Eigenart, der kulturellen Identität von Städten, für die Reproduktion einer urbanen Lebensweise.

Autoren

Prof. Dr. Wilhelm Bleek, Ruhr-Universität Bochum
Bärbel Bohley, Malerin, Mitbegründerin des "Neuen Forum"
Prof. Dr. Gert-Joachim Glaeßner, Freie Universität Berlin
Prof. Dr. Siegfried Grundmann, Berliner Institut für sozialwissenschaftliche Studien
Prof. Dr. Dieter Klein, Humboldt-Universität Berlin
Dr. Ingrid Lötsch, Institut für Soziologie und Sozialpolitik der Akademie der Wissenschaften
Prof. Dr. Manfred Lötsch, Berlin
Dipl. Pol. Helmut Müller-Enbergs, Freie Universität Berlin
Dr. Hildegard Maria Nickel, Humboldt-Universität Berlin
Prof. Dr. Rolf Reißig, Berliner Institut für sozialwissenschaftliche Studien
Prof. Ian Wallace, University of Loughborough, Großbritannien

**BERLINER SCHRIFTEN ZUR POLITIK UND GESELLSCHAFT
im Sozialismus und Kommunismus**

herausgegeben von Hannelore Horn, Wladimir Knobelsdorf
und Michal Reiman (Hrsg.)

Band   1   Hannelore Horn, Wladimir Knobelsdorf, Michal Reiman: Der unvollkommene Block. Die Sowjetunion und Ost-Mitteleuropa zwischen Loyalität und Widerspruch. 1988.

Band   2   Bruno Heidlberger: Jugoslawiens Auseinandersetzung mit dem Stalinismus. Historische Voraussetzungen und Konsequenzen. 1989.

Band   3   Gert-Joachim Glaeßner, Michal Reiman (Hrsg.): Die politischen Systeme der sozialistischen Länder. Entstehung - Funktionsweise - Perspektiven. 1991.

Band   4   Gert-Joachim Glaeßner (Hrsg.): Eine deutsche Revolution. Der Umbruch in der DDR, seine Ursachen und Folgen. 1991.

Detlef Pollack (Hrsg.)

Die Legitimität der Freiheit
Zur Rolle der politisch alternativen Gruppen
in der DDR

Frankfurt/M., Bern, New York, Paris, 1990. 245 S.
Forschungen zur praktischen Theologie. Bd. 8
Herausgegeben von Ulrich Nembach
ISBN 3-631-42989-4   br. DM 70.--/sFr. 67.--

Die politisch alternativen Gruppen, die sich in der DDR seit Ende der
siebziger Jahre unter dem schützenden Dach der Kirche gebildet
haben, waren die bedeutsamste gesellschaftskritische Kraft vor und
während der 'Wende'. Der vorgelegte Sammelband enthält bis auf
wenige Ausnahmen die wichtigsten Arbeiten, die zu diesen Gruppen
in der DDR entstanden sind. Neben der internen Organisation und
Kommunikationsstruktur der gesellschaftskritischen Gruppen, den von
ihnen vertretenen Ideen und Zielen wenden sich die Autoren des
Bandes vor allem Fragen ihrer gesellschaftlichen Funktion sowie ihrer
gesellschaftlichen Entstehungsursachen und Wirkungsmöglichkeiten
zu. Dabei bedienen sich einige der Autoren religionssoziologischer
Methoden, andere kirchlich-theologischer Prämissen, und wieder
andere gehen von marxistisch-politikwissenschaftlichen Annahmen
aus.

Aus dem Inhalt: Friedrich Schorlemmer, Macht und Ohnmacht kleiner
Gruppen - Heino Falcke, Kirche und christliche Gruppen - Günter
Krusche, Stellung der Kirche zu den Gruppen - Ehrhart Neubert, Die
Opposition in der DDR-Revolution - Bibliographie.

Verlag Peter Lang Frankfurt a.M. · Bern · New York · Paris
Auslieferung: Verlag Peter Lang AG, Jupiterstr. 15, CH-3000 Bern 15
Telefon (004131) 321122, Telex pela ch 912 651, Telefax (004131) 321131
– Preisänderungen vorbehalten –

Silke Jansen

Meinungsbilder zur deutschen Frage
Eine Längsschnittanalyse von
Repräsentativerhebungen in der
Bundesrepublik Deutschland

Frankfurt/M., Bern, New York, Paris, 1990. IX, 298 S., zahlr. Abb.
u. Tab.
Kieler Schriften zur politischen Wissenschaft. Bd. 6
Herausgegeben von Werner Kaltefleiter
ISBN 3-631-42822-7   br. DM 89.--/sFr. 85.--

Die politische und wirtschaftliche Vereinigung beider deutscher
Staaten steht unmittelbar bevor. Was aber empfinden die Bundesbürger, wenn sie an ein ungeteiltes Deutschland denken? Gibt es überhaupt noch nach vierzig Jahren der Trennung ein Gefühl der Zusam-
mengehörigkeit mit den Deutschen in der DDR? Wenn nicht, würde
dies den Einigungsprozeß sehr erschweren. In der vorliegenden Arbeit
wird zum ersten Mal auf der Grundlage von Meinungsumfragen aus
den letzten drei Jahrzehnten der Frage nachgegangen, ob in der Bundesrepublik ein gesamtdeutsches Nationalbewußtsein existiert oder die
Teilung Deutschlands zu einer Entfremdung der Deutschen in West
und Ost geführt hat, die tiefer geht als die kurzfristige Freude über den
Fall der Mauer.

Aus dem Inhalt: Analyse von Meinungsumfragen zur deutschen Einheit - Gibt es noch ein gesamtdeutsches Nationalbewußtsein? - Wie
denken die jungen Deutschen über die Einheit? - Wie hoch ist der
Grad der Entfremdung nach 40 Jahren Teilung?

Verlag Peter Lang Frankfurt a.M. · Bern · New York · Paris
Auslieferung: Verlag Peter Lang AG, Jupiterstr. 15, CH-3000 Bern 15
Telefon (004131) 321122, Telex pela ch 912 651, Telefax (004131) 321131
- Preisänderungen vorbehalten -